1000 Haushaltstipps aus Omas Zeiten

Dieses Werk berücksichtigt die neue deutsche Rechtschreibung.

Sonderausgabe für
Planet Medien AG, CH-Zug
Illustrationen: Falko Honnen
Gesamtherstellung: Planet Medien AG

Verehrte Leserinnen und Leser,

immer wieder gibt es im Haushalt, rund um die Familie und ums Heim viele kleine Probleme, deren Lösung oftmals schwierig ist. Wie lässt sich beispielsweise der grässliche Fettfleck aus der guten, neuen Bluse entfernen, wie bekommen die stumpfen Möbel wieder ihren alten Glanz oder wie pflegt man am besten Fliesenböden?

Schon unsere Großmütter mussten mit diesen Schwierigkeiten fertig werden – warum also sollten wir uns nicht deren Erfahrung, deren Tricks und Kniffe bei der Bewältigung unserer alltäglichen Pflichten zu eigen machen? Ratschläge zur Lagerung und Verwertung von Speisen, zur Pflege von Wäsche sowie zur Erhaltung von Gesundheit und Schönheit finden sich ebenso in ihrem Erfahrungsschatz wie Tipps zum Gemüse-, Obst oder Kräuteranbau.

Von Generation zu Generation überliefert, sind ihre Methoden schon lange Zeit erprobt und versprechen daher rasche und erfolgreiche Hilfe.

Inhalt

Eine Glanzleistung!

Die besten Tipps für den Hausputz

Fensterscheiben

Wenn Ihre Fensterscheiben beim Putzen verschmieren, dann reiben sie diese einfach mit kaltem schwarzen Tee ein. Sie werden sehen: Ihre Fenster »blitzen« anschließend wieder wie neu und haben keine hässlichen Streifen oder Schlieren mehr.

Polieren Sie ihre Fenster mit einer alten Nylon-Strumpfhose. Das verleiht ihnen einen strahlenden Glanz.

Möchten Sie, dass ihre Fenster strahlen? Dann nehmen sie einen sauberen Schwamm und reiben damit über die trockene Scheibe.

Ihre Milchglasfenster putzen Sie am besten mit heißem Wasser, dem etwas Essig hinzugefügt wurde, und reiben sie danach gut trocken.

Hartnäckiger Fliegenschmutz auf den Scheiben lässt sich ganz einfach mit Salmiakgeist oder Spiritus lösen.

Fensterputzmittel

Wenn Sie einen Liter Wasser mit etwas Spülmittel, einem Schuss Spiritus und ein wenig Essig mischen, haben Sie ein Putzmittel, das einem gekauften in nichts nachsteht.

Oder geben Sie zu ihrem üblichen Putzmittel etwas Salz hinzu. Durch diesen Zusatz werden Ihre Fenster in ganz besonderem Glanz erstrahlen.

*

Fensterbänke

Wenn Sie Ihren Fensterbänken aus Marmor eine besondere Pflege zuteil werden lassen möchten, so behandeln Sie sie mit farbloser Schuhcreme. Nach der Behandlung mit einem weichen Tuch abreiben.

*

Fensterrahmen

Damit Holzrahmen lange halten, muss man sie gut pflegen. Es empfiehlt sich, sie nach der Reinigung zu wachsen.

Zur Reinigung von hölzernen Fensterrahmen benutzen Sie bitte nur Putzmittel, die den Rahmen nicht verkratzen. Verwenden Sie am besten sanfte Seifenlauge.

*

Fensterleder

Benutzen Sie zum Fensterputzen nur weiche Fensterleder. Sonst laufen Sie Gefahr, die Scheiben zu zerkratzen.

Damit Fensterleder schön weich bleiben, sollte man sie nach dem Gebrauch stets in warmem Salzwasser auswaschen. Wringen Sie das Leder aber in keinem Fall zu stark aus. Dadurch wird es brüchig.

Sollte Ihr Fensterleder hart geworden sein, hilft eine Lösung aus Salmiakgeist, es wieder weich und geschmeidig zu bekommen.

*

Naturschwämme

Ihren verschmutzten Naturschwamm legen Sie am besten 24 Stunden in eine Lösung aus einem Liter Wasser und etwas Kochsalz und spülen ihn hinterher gut aus.

*

Staub wischen

Staub an der Decke ist besonders leicht zu entfernen, wenn Sie ein Putztuch um einen Besen herumwickeln und damit die Decke abwischen.

Damit sich Staub nicht so schnell auf Fenstern niederlässt, geben Sie einfach einen Schuss Glycerin in das Putzwasser.

Am leichtesten stauben Sie Bücher ab, indem Sie sie bei geöffnetem Fenster auf- und zuklappen.

Abhilfe gegen verstaubte Bücher schafft auch eine Kleiderbürste, mit der man die Bücher abbürstet.

*

Besen

Hängen Sie Ihre Besen immer an die Wand. So werden die Borsten geschont.

Neue Besen halten länger, wenn man sie vor dem ersten Gebrauch eine Zeit lang in Salzwasser stehen lässt.

Zusammengedrückte Besenborsten heben sich wieder, wenn man sie über kochendes Wasser hält.

Sind die Borsten weich geworden, sollten Sie sie eine Weile in Alaunwasser tauchen. Dann werden die Borsten wieder hart.

*

Mop

Stülpen Sie eine Papiertüte über den Mop, binden Sie sie fest und schütteln Sie den Mop kräftig. Jetzt ist er entstaubt und kann wieder hervorragende Arbeit leisten.

*

Desinfizieren

Geben Sie dem Wischwasser einfach etwas Terpentin hinzu, so können Sie Räume beim Putzen gleich auch desinfizieren.

*

Aluminium

Aluminium reinigen Sie am besten mit Stahlwolle und Essig.

Blech

Blech bekommen Sie sehr gut mit einer Mischung aus gesiebter Holzasche und Petroleum sauber.

*

Chrom

Reinigen Sie Chrom mit Terpentin oder Petroleum. Anschließend mit einem weichen Tuch nachpolieren.

Sollten die Verschmutzungen auf Chrom hartnäckig sein, reiben Sie sie mit einem weichen Lappen blank, den Sie vorher mit Mehl bestäubt haben.

*

Edelstahl

Reiben Sie Edelstahl in regelmäßigen Abständen mit Zitronenschalen ab. Dann erstrahlt er wieder im vollen Glanz.

Holzflächen

Sind Ihre Holzflächen besonders trocken und schmutzig, bedürfen Sie guter Pflege. Behandeln Sie sie doch einmal mit lauwarmem Bier. Das lässt sie wieder strahlen.

*

Kupfer

Hervorragend lassen sich Kupferkessel mit einer Brühe aus Sauerkraut reinigen.

Sauerkrautbrühe eignet sich ebenfalls, um angelaufene Kupferteile wieder erglänzen zu lassen.

Gut ist es auch, Kupfer mit Zwiebelstücken blank zu reiben.

Gegen Grünspan auf Kupfer hilft ein gründliches Abreiben mit Essig.

*

Lackausbesserungen

Nachbesserungen am Lack, zum Beispiel an Porzellantellern, werden mit Öl gesäubert. Damit der Ölfilm wieder verschwindet, polieren Sie einfach mit Stärkemehl nach.

*

Marmor

Haben sich Flecken auf Ihren Marmorplatten gebildet, so reiben Sie sie mit einer Scheibe Zitrone ab. Benutzen Sie auf keinen Fall Mittel, die scheuern.

Bei leicht verschmutztem Marmor genügt es in aller Regel, zur Reinigung eine einfache Seifenlauge herzustellen.

Eine geeignete Marmorpolitur finden Sie in Talkumpuder, das Sie mit einem weichen Wolllappen einreiben.

*

Messing

Neuen Glanz erhält Messing, wenn Sie es mit Sauerkraut putzen, das Sie vorher mit Salz bestreut haben. Danach gründlich abwaschen und nachpolieren.

Streichen Sie Türklinken oder Gardinenstangen aus Messing mit ein wenig weißem Bohnerwachs ein. Das erhält den Glanz.

*

Gardinen

Strahlend weiße Gardinen erhalten Sie, wenn Sie diese erst in Salzwasser ziehen lassen, danach waschen und dann in das letzte Spülwasser ein wenig Zucker geben.

*

Heizkörper

Um Heizkörper zu reinigen, gibt es einen kleinen Trick. Befestigen Sie einfach ein

Putztuch an einem Kleiderbügel, dann kommen Sie ganz leicht an schwer erreichbare Stellen.

*

Ruß entfernen

Wenn Sie Ruß von gekalkten Wänden entfernen wollen, dann nehmen Sie ein Stück Knete und reiben die Wand immer in dieselbe Richtung ab. So bleibt der Schmutz an der Knete haften.

*

Haustierhaare

Haustierhaare können überaus lästig sein. Eine alte Perlonstrumpfhose kann hier beim Entfernen gute Dienste leisten. Nur angefeuchtet muss Sie sein. Dann können Sie mit ihr ganz einfach die störenden Haare beseitigen.

*

Entkalken

Wenn Sie Ihre Geräte entkalken möchten, eignet sich hierzu besonders eine Essigwasserlösung im Verhältnis eins zu drei. Diese Mixtur sollte – wenn möglich – direkt im Gerät erhitzt werden. Diesen Vorgang einige Male wiederholen, dann funktioniert wieder alles im gewohnt raschen Tempo.

Vorsicht bei der Kaffeemaschine! Hier nach dem Entkalken gründlich mit heißem Wasser nachspülen, um Essiggeschmack beim später aufgesetzten Kaffee zu vermeiden.

*

Stecker herausziehen

Um einem Stromschlag während des Säuberns von Elektrogeräten vorzubeugen, sollten Sie vor dem Abwischen der Geräte alle Stecker aus der Steckdose ziehen.

Wenn Sie die Geräte mit einem feuchten Tuch abputzen, ist es ganz wichtig darauf zu achten, dass das Gerät nicht mehr unter Strom steht. Wasser leitet Strom und die Gefahr eines Stromschlags ist bei einem feuchten Lappen besonders groß.

Wie gebohnert, so gewachst

Die besten Tipps für die Fußbodenpflege

Glatte Fußböden reinigen

Glatte Fußböden säubern Sie am besten mit Schmierseife. Denn sie reinigt die Böden sanft und schont die Oberfläche vor Kratzern.

Wenn Sie Ihrem Putzwasser etwas Salmiakgeist hinzufügen, dann können Sie damit spielend auch die Überreste von Glanzmitteln entfernen.

Durch Gummisohlen entstehen manchmal schwarze Flecken, die Sie ganz einfach beseitigen können: Geben Sie ein wenig Spiritus auf einen Lappen oder ins Putzwasser – und schon bald ist der Fleck weg!

Unangenehmen Geruch, der bisweilen durch das feuchte Aufwischen von Böden entsteht, vermeiden Sie, indem Sie ins Wischwasser einen Spritzer Terpentin geben.

Setzen Sie dem Putzwasser etwas Weichspüler bei und Ihr Boden wird wunderbar glänzen.

*

Kunststoffböden

Flecken auf Kunststoffböden sind nur sehr schwer zu beseitigen. Besser ist, Sie sorgen vor. Benutzen Sie keine Polituren. Denn das führt zu Rissen, in denen sich der Schmutz leicht absetzen kann.

Schon vorhandene Flecken können Sie mit in Seifenlauge getränkter Stahlwolle entfernen.

*

Linoleum

Reinigen Sie Ihren Linoleumboden mit milder Seifenlauge. Anschließend mit einer Mischung aus Wasser und Bohnerwachs nachwischen.

Um dem Linoleumboden neuen Glanz zu verschaffen, putzen Sie ihn am besten mit einer 1/1-Mischung von Milch und Wasser.

Damit der Linoleumboden nicht brüchig wird, sollten Sie ihn nach dem Reinigen mit Essig und Öl einreiben. Dann bleibt er schön geschmeidig.

Hartparrafin gleicht Risse im Linoleumboden aus.

*

Alles gebohnert

Besonders geeignet zum Bohnern ist altes Seidenpapier. Im Gegensatz zu alten Lappen saugt es sich nicht zu sehr mit dem Bohnerwachs voll.

Wenn Sie vier Teelöffel Möbelpolitur und ein Glas Essig in zehn Liter Wasser geben, haben Sie ein ganz vorzügliches Bohnermittel.

Bohnerwischtuch

Zum Bohnern immer ein weiches Tuch verwenden. Damit es nicht spröde wird, sollten Sie es in einem geschlossenen Gefäß aufbewahren.

*

Holzfußböden

Damit Holzfußböden länger halten, reinigen Sie sie am besten mit schwarzem, abgekühltem Tee oder auch grüner Seife.

Hat Ihr Holzboden Kratzer, schafft in Bohnerwachs getauchte Stahlwolle Abhilfe.

Lackierte Holzfußböden vor ihrer ersten Nutzung am besten mehrfach mit kaltem Wasser wischen. Dadurch härten Sie den Lack und verhindern ein unangenehmes Kleben des Bodens.

*

Korkböden

Sind Ihre Korkböden versiegelt, dann müssen Sie sie nur ab und zu feucht abwischen. Zusätzliche Pflege ist nicht mehr notwendig.

Haben Sie einen Korkboden, der gewachst ist, so empfiehlt es sich, zweimal im Jahr dünn nachzuwachsen. Von Zeit zu Zeit sollte der Boden auch blank gebohnert werden.

Achten Sie darauf, dass Ihr Korkboden nicht zu viel Feuchtigkeit abbekommt. Sonst können Risse entstehen.

*

Marmorböden

Besonders strahlend wird Mamor, wenn man ihn mit Seifenlauge und Schlämmkreide reinigt.

Hartnäckige Flecken auf Marmorplatten lassen sich mit einem Brei aus ungelöschtem Kalk und Wasser entfernen. Wenn nötig, reiben Sie die Platte mehrere Male damit ab.

Wenn Sie Ihren Marmorboden auffrischen wollen, dann behandeln Sie ihn mit einer Paste aus einem nicht scheuernden Putzpulver und Zitronensaft. Mit Wasser nachspülen.

Tintenflecke können Sie mit einem gewöhnlichen Tintenradiergummi beseitigen.

*

Schieferböden

Benutzen Sie zum Reinigen von Schieferböden Waschsoda.

Besonders glänzend wird Ihr Schieferboden, wenn Sie ihn mit etwas Zitronenöl nachpolieren. Auch Milch ist ein sehr gutes Pflegemittel.

*

Steinböden

Säubern Sie Ihre Steinböden mit einer Lösung aus Wasser und viel Salmiak.

Gut reinigen lässt sich der Steinboden auch mit einer Seifenlösung aus Wasser und grüner Seife.

Verwenden Sie zum Putzen von Steinböden lieber keine Putzmittel, die Soda enthalten. Sie greifen die Farbe Ihres Bodens an.

Falls der Boden noch nicht imprägniert ist, sollten Sie das mit etwas Leinöl nachholen. Dann bleibt Ihr Boden länger schön.

Zum Reinigen benutzen Sie eine lauwarme Seifenlauge. Damit entfernen Sie leicht alle Verschmutzungen. Auf Steinfliesen entstehen des Öfteren Kalkflecken, die mit etwas Essig leicht weggewischt werden können.

Terrazzoböden

Ihre Terrazzoböden reinigen Sie am besten mit einer Seifenlauge.

Achten Sie darauf, dass Ihr Terrazzoboden nie mit Reinigungsmitteln wie Soda, Salmiak oder Borax in Berührung kommt.

*

Parkett

Versiegelter Parkettboden ist sehr leicht zu pflegen: Einfach mit ein wenig Wasser den Boden aufwischen. Mehr Pflege braucht er nicht. Aber Vorsicht: Parkett verträgt nur wenig Wasser!

Sie können Ihr Parkett auch mit einer Mixtur aus heißem Wasser und Salmiakgeist putzen. Bedenken Sie aber auch hier, dass zu viel Wasser dem Parkettboden schadet.

Liegt ein Teppich auf dem Parkettboden, sollten Sie auf das Wachsen des Parketts verzichten. Sonst ist die Rutschgefahr zu groß.

Teppichboden

Bevor Sie den Boden reinigen, sollten Sie besonders starke Flecken mit etwas Glycerin vorbehandeln, das erleichtert das Säubern erheblich.

Zur Reinigung von Teppichboden eignet sich auch Seifenwasser. Doch Vorsicht: Nehmen Sie nicht zu viel. Manche Teppichböden schlagen Wellen, wenn sie mit allzu viel Feuchtigkeit in Berührung kommen.

Nehmen Sie Rasierschaum, um hartnäckige Flecken auf dem Teppichboden zu beseitigen. Anschließend wieder behutsam mit Wasser auswaschen.

Frische Flecken können Sie mit Mineralwasser entfernen. Einfach etwas auf die schmutzige Stelle schütten, kurz einwirken lassen und mit einem saugfähigen Tuch wieder aufsaugen.

*

Teppiche

Ihren Teppich bekommen Sie wieder sauber und hell, indem Sie ihn mit feuchtem Salz bestreuen, dieses eine Stunde lang einwirken lassen und dann wieder absaugen.

Teppiche immer von der Unterseite, also der linken Seite, her ausklopfen.

Wenn Sie zur Teppichreinigung Fleckentferner benutzen, achten Sie auf jeden Fall darauf, dass der Teppich trocken ist.

Hat sich Kleber in Ihrem Teppich festgesetzt, behandeln Sie die Stelle mit Aceton.

Wenn Sie Ihren Teppich mit der rechten Seite auf Schnee legen und ihn ausklopfen,

dann ist ihr Teppich wie neu,
da der Schnee sehr gut den
Schmutz aufnimmt.

Mit etwas Essigwasser, mit dem
Sie den Teppich vorsichtig abbürsten,
können Sie die verblassten Farben
Ihres Teppichs wieder auffrischen.

Mit Fug und Rohr

Die besten Tipps
für die Pflege von Bad und Küche

Abfluss reinigen

Wenn Sie Ihr Abflussrohr reinigen
und dabei auf die Umwelt achten wollen,
dann gießen sie einfach noch
kochendes Kartoffelwasser
in den Abfluss.

Ist Ihr Abflussrohr verstopft,
dann schütten Sie Soda hinein und
spülen mit sehr heißem Wasser nach.
Dadurch löst sich die Verstopfung auf.

Aufsätze für den Ausguss,
die es im Handel zu kaufen gibt,
beugen neuen Verstopfungen vor.

Manchmal kommt aus den
Ausgüssen ein übler Geruch.
Diesen beseitigen Sie mit einem
Stück Soda, das in den Ausguss
gelegt und mit sehr heißem Wasser
übergossen wird.

*

Arbeitsfläche reinigen

Von lästigen Flecken befreien Sie Ihre Arbeitsfläche in der Küche mit Zitronenscheiben.

*

Armaturen

Reinigen Sie Armaturen mit einer starken Wasser-Salmiaklösung. Anschließend reichlich nachspülen und trocken polieren. Das lässt die Armaturen wieder blitzen.

*

Badewanne

Mit Apfelsinenschalen lassen sich Badewannen hervorragend reinigen.

Wenn Sie keine Lust haben, die Badewanne nach dem Benutzen zu schrubben, sollten Sie bereits während des Wasserablaufens etwas Wasser durch den Wasserhahn oder

die Brause nachfließen lassen,
dann setzt sich erst gar kein Schmutz ab.

Reinigen Sie Ihre Wanne mit einer
Mixtur aus Salz, Essig und Buttermilch,
dann bleibt sie schön glänzend.

Bei Rostflecken in der Wanne hilft
ein Gemisch aus Borax und Essig,
mit dem man die Flecken entfernen kann.

Gelbe Streifen und Flecken, die durch
tropfende Wasserhähne verursacht werden,
lassen sich ganz leicht mit Zitronensaft
beseitigen. Träufeln Sie einige Tropfen
des Saftes auf die entsprechenden Stellen
und schon sind die Flecken weg.

*

Dusche

Ab und zu verkalkt der Duschkopf. Lassen
Sie ihn einfach eine Weile in heißem Essig-
oder Salzwasser liegen und wiederholen

diesen Vorgang, falls der gewünschte Erfolg nicht schon beim ersten Mal eingetreten ist.

Haben Sie Glaswände in Ihrer Dusche? Dann wischen Sie mit einem in Essig getauchten Tuch darüber und sie glänzen wieder.

*

Duschvorhang

Plastikvorhänge reinigt man mit Wannenspray, das man einwirken lässt. Danach spülen Sie den Vorhang noch einmal ab.

Man kann einige Vorhänge auch in der Waschmaschine waschen. Achten sie auf das Etikett.

Mit Natron können Sie aufgetauchte Stockflecken entfernen. Oder wischen Sie den Vorhang mit Zitronensaft oder Essig ab, nachdem Sie ihn gewaschen haben.

Glänzende Fliesen

Mit Wachs oder Leinöl eingerieben, glänzen Fliesen wieder wie neu. Vorsicht! Bei Bodenfliesen besteht die Gefahr auszurutschen.

Salz und Terpentin helfen bei vergilbten Fliesen und Waschbecken.

Reinigen und zugleich pflegen können Sie Ihre Fliesen, wenn Sie dem Putzwasser statt des normalen Putzmittels Haarwaschmittel beifügen.

Reiben Sie stumpf gewordene Fliesen mit in Salmiak getauchtem Zeitungspapier ab. Das bringt neuen Glanz.

*

Fugen

In den Fugen zwischen den Fliesen setzt sich leicht Schmutz ab. Schlämmkreide lässt sie wieder weiß werden.

Ein Brei aus Backpulver und Wasser
reinigt Fugen ebenfalls hervorragend.
Die Fugen damit bestreichen,
einige Minuten einwirken lassen
und alles gründlich abspülen.

*

Kalkflecken

Eine Lösung aus Essig und Kochsalz
sollten Sie bei Kalkflecken auf Armaturen
oder Spülbecken einwirken lassen.

Wenn Sie Wasch- und Spülbecken
sofort nach dem Benutzen trocken
wischen, können Sie bereits die
Bildung von Kalkflecken
verhindern.

*

Kühlschrank

Reinigen Sie Ihren Kühlschrank mit
einer Essiglösung. So kommen Sie
Schmutz und lästigem Geruch bei.

Mülleimer

Störenden Gerüchen werden Sie mit einer Lösung aus Wasser und Desinfektionsmittel Herr.

Um Ihren Mülleimer wieder richtig sauber zu bekommen, wischen Sie ihn mit Chlorbleichlauge aus. Lassen sie diese einwirken und spülen Sie sie hinterher ab. Den Eimer dann gut trocknen lassen.

*

Spüle

Wenn Sie Rostflecken in Ihrem Spülbecken haben, behandeln Sie diese am besten mit Benzin für Feuerzeuge.

Ihre Emaillespüle lässt sich wunderbar mit Apfelsinenschalen reinigen.

Auch mit Seifenlauge erzielen Sie glänzende Sauberkeit.

Blitzblank wird Edelstahl durch das Einreiben mit Zitronensaft.

*

Urinstein

Hartnäckigen Urinstein beseitigen Sie schnell mit Essigwasser.

Auch Zitronensäure kann hier hilfreich sein. Sie verbreitet darüber hinaus noch einen angenehmen Geruch.

*

Waschbecken

Ein Gemisch aus Borax und Essig bereinigt Rostflecken in Ihrem Waschbecken.

Wenn Sie nach dem Säubern Ihr Waschbecken mit Weichspüler nacharbeiten, bleibt es längere Zeit sauber, da das Wasser besser abperlt.

WC

Wenn Sie Ihre Toilette umweltfreundlich reinigen möchten, dann benutzen Sie doch einfach Backpulver, das Sie einwirken lassen.

Hässliche Wasserflecken auf der Toilettenbrille sollten Sie mit farblich passender Schuhcreme zu Leibe rücken. Wenn Sie damit die Oberfläche sorgfältig einreiben, verschwinden die Flecken und die Brille erstrahlt in neuem Glanz.

Auf Möbeln oder über Züge

Die besten Tipps zur Möbelpflege

Bambusmöbel

Bambusmöbel sollten Sie mit lauwarmem Wasser reinigen und nach dem Trocknen mit einer pflegenden Mischung aus Leinöl und Terpentin behandeln.

*

Ledermöbel

Ihre Ledermöbel bringen Sie am besten mit einem in Terpentin getränkten Wolllappen auf Hochglanz.

Reiben Sie ältere Ledermöbel mit einer Mischung aus lauwarmer Milch und Terpentin ab. Damit das Leder schön geschmeidig bleibt, sollten Sie es nach dem Trockenreiben noch dünn mit Leinöl abreiben.

Schimmel entfernen Sie am besten mit verdünntem Glycerin.

Ist Ihr Lederbezug fleckig geworden, dann können Sie ihn mit in Wasser aufgelöstem Hirschhornsalz reinigen.

Bei der Fleckenentfernung von Wildleder sollten Sie sehr feines Schmirgelpapier benutzen. Gehen Sie dabei aber behutsam vor, damit Sie das Leder nicht beschädigen.

*

Echtholzmöbel

Dem Staub zwischen geschnitzten Verzierungen rücken Sie am besten mit einer weichen Zahnbürste zu Leibe.

Zur Reinigung von der Oberfläche können Sie abgekühlten, schwarzen Tee verwenden, den Sie aber bei hellen Flächen nicht zu lange ziehen lassen sollten.

Sind Ihre Holzmöbel besonders trocken und rissig? Dann empfiehlt sich eine Behandlung mit lauwarmem Bier. Benutzen Sie jedoch kein Dunkelbier.

Schwergängige Holzschubladen lassen sich wieder leicht verschieben, wenn Sie deren Führung mit Talkumpuder einreiben.

Hat sich ein Einlegeboden Ihres Schrankes verzogen, legen Sie ihn auf eine flache Unterlage, befeuchten ihn vollständig mit nassen Tüchern und beschweren ihn mit einem Gewicht. Durch die Feuchtigkeit und den Druck des Gewichts wird der Einlegeboden wieder seine alte Form zurückgewinnen.

*

Eichenholz

Haben Sie ein besonders schönes Stück zu Hause stehen? Dann können Sie es fast wie neu aussehen lassen, wenn Sie es mit warmem, farblosem Wachs einreiben, dem Sie einen Esslöffel Zucker hinzugeben. Ist das Möbelstück trocken, polieren Sie noch einmal nach.

Pflegen Sie Eichenholz, indem Sie es mit hellem, aufgewärmtem Bier abputzen und es anschließend mit einem wollenden Tuch nachbearbeiten.

Störenden Schmutz behandeln Sie mit Schmirgelpapier. Die Stellen müssen dann noch mit Terpentin abgerieben und zum Schutz lackiert werden.

Wenn Ihnen Ihr gutes Stück sehr am Herzen liegt, dann gönnen Sie ihm eine Erfrischungskur bei einer Schreinermeisterei. Es gibt Betriebe, die sich auf Antiquitäten spezialisiert haben. Die Behandlung ist nicht nur sehr pflegend, sondern lässt die Möbel wie neu erscheinen.

Oder versuchen Sie es selbst:
Mischen Sie ein Stück farblosen Wachs mit ein bis zwei Esslöffel Zucker, kochen beides auf und streichen Sie diese Mischung auf Ihr Eichenmöbel. Gut trocknen lassen und anschließend mit einem weichen Tuch nachpolieren.

*

Mahagoniholz

Befinden sich Kratzer in Ihrem Mahagoniholz? Mit etwas Jod können Sie diese kaschieren.

*

Nussbaumholz

Stauben Sie Ihre Nussbaummöbel ab und wischen Sie sie hinterher mit Milch ab. Danach gut nachpolieren, das ist Pflege pur.

*

Unbehandeltes Holz

Reinigen Sie diese Möbel erst mit Seifenlauge. Schließlich etwas aufrauen und gut trocknen lassen. Erst wenn das Holz völlig getrocknet ist, mit abgekochtem Leinöl behandeln, andernfalls besteht Schimmelgefahr.

*

Blinde Stellen

Befinden sich blind gewordene Stellen auf Ihren Möbeln? Eine Mischung aus Leinöl und Zitronenöl im Verhältnis 1/1 unverdünnt aufgetragen, kann da Hilfe leisten. Hinterher gut nachpolieren!

*

Schellack für alte Möbel

Tragen Sie Schellack mit einem fusselfreien Polierlappen unter kräftigem Reiben dünn auf. Das verleiht Ihren Möbeln wieder ein frisches Aussehen.

*

Polierte Möbel

Damit Ihre polierten Möbel wieder strahlen, können Sie sie mit einer Paste aus Kartoffelmehl und Öl abwischen.

Um Schlieren auf hochpolierten Möbeln zu entfernen, benutzen Sie am besten Talkumpuder, das Sie mit einem Tuch auftragen und gleich darauf wieder abwischen.

Reinigen sollten Sie Ihre polierten Möbel mit einer Mixtur aus Spiritus, Salmiakgeist und etwas Wasserstoffsuperoxyd.

Wasserflecken lassen sich mit etwas Petroleum entfernen.

Kleine rauhe Stellen polieren Sie auf dunklen Möbel einfach mit Speiseöl weg.

Polierte Möbel verlieren alle Flecken, wenn man sie mit Wasser reinigt, in welchem zuvor Sauerkraut gewässert wurde. Anschließend sehr gut trocken nachreiben.

Möbelpolitur

Wenn Sie keine Politur mehr im Haus haben, können Sie sich ganz leicht selbst eine eigene herstellen. Vermengen Sie etwas Olivenöl (gewöhnliches Speiseöl tut es zur Not auch) mit Salz, das gibt Ihren Möbeln die optimale Pflege. Wichtig ist, dass Sie die Politur immer mit einem weichen Lappen auftragen. Sonst erhalten Sie womöglich Kratzer.

Geben Sie fertiger Politur aus dem Handel einen Schuss Essig hinzu, das verbessert die Qualität.

Gut als Politur eignet sich auch folgende Mischung: Terpentin, Leinölfirnis und Essig je zu einem Drittel miteinander mischen, mit einem weichen Tuch aufbringen und mit einem weichen Tuch gut nachpolieren.

Bestens taugt auch Apfelessig zur Möbelpflege.

*

Lackierte Möbel

Bei Ihren lackierten Möbeln sollten Sie bei der Reinigung besonders schonend vorgehen. Benutzen Sie einen feuchten, weichen Lappen mit ein wenig Spülmittel.

Möbel mit Schleiflackoberfläche reinigt man am besten mit einer dünnen Seifenlauge, der einige Spritzer Petroleum beigesetzt wurde. Dadurch glänzen die Stücke ganz ohne Polieren.

Unschöne Flecken und Fingerabdrücke auf lackierten Türen sind leicht zu entfernen: Geben Sie Zahnpasta auf ein weiches Tuch und putzen Sie damit über die Türen. Wasserflecken auf polierten Möbeln können Sie mit einem in Petroleum getränkten Lappen beikommen.

*

Schrammen entfernen

Schrammen auf dunkel polierten Möbeln lassen sich ganz einfach ausbügeln. Bereiten Sie eine Mischung aus Öl und Essig zu gleichen Teilen zu und behandeln Sie damit die Schrammen. Sie verschwinden dadurch.

Benutzen Sie zur Behandlung ein weiches Tuch, um keine neuen Schrammen zu provozieren.

Haben Ihre Echtholzmöbel Druckstellen, dann legen Sie über Nacht ein feuchtes Tuch auf diese Stelle. Durch die Feuchtigkeit zieht sich die Delle wieder heraus.

Bei Mahagonimöbeln bessern Sie kleine Kratzer am besten mit einer Jodlösung aus. Wer Schrammen aus Nussholzmöbeln herausbringen möchte, sollte mit einem zerschnittenen Walnusskern über die Kratzer reiben.

*

Polstermöbel

Polstermöbel sollten regelmäßig ausgeklopft werden. Am besten saugen Sie sie aber mit einer weichen Bürste. Plüschpolster nie abklopfen, sondern nur abbürsten.

Auf Flecken sofort etwas Salz streuen und einwirken lassen. Auch Talkumpuder eignet sich gut. Danach abbürsten.

Ihre Polstermöbel können Sie auffrischen, indem Sie sie ab und zu mit Essig abbürsten.

Hartnäckige Flecken beseitigen Sie ganz einfach mit Rasiercreme.

Bei Kunststoffpolstern empfiehlt es sich, diese mit einem feuchten, natrongetränkten Tuch abzuwischen. Falls nötig, noch mit Spülmittel reinigen.

Verschmutzungen auf
Stoff- oder Leinenüberzügen lassen
sich mit einem weichen Radiergummi
entfernen.

Manche Möbelüberzüge
lassen sich waschen. Wenn die Farben
wieder frischer aussehen sollen,
geben Sie dem Weichspüler
einen Schuss Essig hinzu.

Ihre Kordüberzüge reinigen
Sie am besten mit abgekochter
Sauerampferlösung.

*

Hässliche Ränder

Störende Ränder auf Tischen
und Schränken können Sie ganz
leicht entfernen, indem Sie mit viel
Salz darüber wischen.

*

Korbmöbel

Um dem Gilb zuvorzukommen, sollten Sie Ihre Korbmöbel mit lauwarmem Salzwasser abwischen. Vor Austrocknung bewahrt Zitronenöl.

Sessel aus Peddigrohr regelmäßig mit einer Seifenlauge abwaschen, der Sie ein wenig Salz beigesetzt haben. Das verlängert die Lebensdauer Ihrer Möbel.

Um Korbmöbel aufzuhellen, mischen Sie aus Salz und Essig einen Brei und tragen Sie diesen auf Ihr Möbelstück auf. Danach klar abspülen.

Um Korbgeflecht an Möbeln zu pflegen, bürsten Sie es mit einer harten Bürste und lauwarmem Salzwasser ab. Anschließend mit einem weichen Tuch nachgehen.

*

Spiegel

Reinigen Sie Ihre Spiegel nur mit milder Seifenlauge. Dadurch verhindern Sie kleine Kratzer und Schrammen auf der empfindlichen Oberfläche.

Damit sich keine hässlichen Flecken bilden, sollte auf Spiegel kein grelles Sonnenlicht fallen.

Einen blinden Spiegel bringt man wieder auf Vordermann, indem man ihn mit Essig abreibt und danach gründlich mit einem weichen Tuch poliert.

Den Spiegel mit einer rohen Kartoffelhälfte so lange einreiben, bis sich kein Schmutz mehr darauf befindet, anschließend mit klarem Wasser abspülen und mit Toilettenpapier blank reiben.

*

Glastische

Für eine strahlende Glasfläche empfiehlt es sich, diese mit Zitronensaft einzureiben. Später mit einem trockenen Tuch nachpolieren.

Wie von Sauberhand

Die besten Tipps zur Entfernung von Flecken

Bierflecken

Ist Bier auf Samt geraten, so sollten Sie es sofort mit einem salmiakgeistgetränkten Lappen abreiben.

Wenn Bier über eine Tischdecke gelaufen ist, sollten Sie unter die Tischdecke eine Schale stellen und den Fleck mit kochendem Wasser auswaschen.

Bei besonders robusten Stoffen können Sie auch Seifenspiritus nehmen, jedoch sollten Sie hier unbedingt auf die Stoffart achten!

Erfolgversprechend ist es auch, den Fleck mit Essigessenz zu behandeln.

*

Blutflecken

Blutflecken in kaltem, klarem Wasser einweichen und dann mit starker Sodalösung oder Kalkwasser

auswaschen. Danach mit
lauwarmem Wasser gut ausspülen.

*

Eigelbflecken

In einem solchen Fall hilft meist
schon warmes Seifenwasser. Falls die
Flecken sehr hartnäckig sind,
versuchen Sie es mit Alkohol.
Das hilft bestimmt.

Hilfreich ist es auch,
die Flecken trocknen zu lassen und
dann mit Benzin zu behandeln.

*

Eierlikörflecken

Ist der Fleck frisch, kann etwas Benzin
oder Alkohol Hilfe bringen.

Oder bedecken Sie den Fleck
mit einem Tuch und behandeln Sie
ihn mit etwas Salmiakgeist.

Fettflecken

Frische Fettflecken sind ganz leicht zu entfernen: Legen Sie einfach ein Löschpapier auf und bügeln Sie mit einem mäßig warmen Bügeleisen darüber. Das Fett wird dann vom Löschpapier aufgesogen.

Haben Sie Spielkarten, die fettig sind, so können Sie sie mit einer Salmiakgeist-Wasser-Lösung reinigen, sofern die Karten eine Schutzschicht haben.

Vom Küchentisch entfernen Sie Fettflecken, indem Sie einige Zeit einen festen Brei aus Ton darauf legen.

*

Filzschreiberflecken

Diese Flecken lassen sich am besten mit Alkohol entfernen.

*

Fleckenmittel

Eine Mixtur aus Wasser und Spiritus im Verhältnis 2/1 ist ein bewährtes Mittel gegen Flecken.

Kartoffelmehl eignet sich, dick auf den Fleck aufgetragen und nach einiger Zeit abgebürstet, zur Fleckentfernung.

Gegen selbst hartnäckige Flecken hilft vorzüglich ungesalzenes Kochwasser von weißen Bohnen.

*

Grasflecken

Reiben Sie Grasflecken erst mit Butter ein. Danach alles mit Seife und kochendem Wasser herauswaschen.

Abhilfe schafft auch eine Mischung aus einem Schuss Salmiakgeist, 500 ml heißem Wasser und zwei Esslöffel

Spiritus, mit der Sie die Flecken herauswaschen.

*

Harzflecken

Reiben Sie Harzflecken mit Wasser und Terpentinöl ein. Legen Sie dann ein Löschblatt darüber und bügeln Sie die Flecken aus.

*

Jodflecken

Jodflecken sofort mit heißem Wasser und Salmiakgeist betupfen.

Auch eine rohe Kartoffelhälfte, die auf dem Fleck verrieben wird, kann diesen entfernen. Nur nicht erschrecken: Der Fleck wird erst dunkler. Jetzt so lange mit klarem Wasser ausspülen, bis der Fleck weg ist.

*

Joghurtflecken

Lassen Sie Joghurtflecken antrocknen, dann lassen sie sich gut ausbürsten. Den Rest können Sie mit lauwarmem Wasser entfernen.

*

Kaffeeflecken

Bestreuen Sie ein befeuchtetes Tuch mit Salz und tupfen Sie die Flecken weg.

*

Kakaoflecken

Diese Flecken lassen sich am besten mit einer Salmiaklösung entfernen.

*

Karottenflecken

Weichen Sie Karottenflecken in Schmierseife ein, bevor Sie derartig verschmutzte Kleidung zur Wäsche geben.

Kaugummiflecken

Befindet sich Kaugummi auf Stoff, sollten Sie diesen erst einmal in das Tiefkühlfach legen, damit der Kaugummi kalt wird und sich ablösen lässt. Kaukummi-Reste entfernen Sie mit Spiritus.

*

Ketschup-Flecken

Ketschup-Flecken sollten Sie erst so gut wie möglich mit kaltem Wasser auswaschen und einweichen. Falls der Fleck hinterher mit dem Waschen nicht herausgeht, empfiehlt sich eine Behandlung mit Spiritus.

*

Klebstoffflecken

Diese Flecken waschen Sie am besten kalt aus und betupfen sie mit Ammoniak. Hinterher gut ausspülen.

*

Kugelschreiberflecken

Wenn Sie Kugelschreiberflecken beseitigen wollen, sollten Sie Alkohol benutzen. Möglich ist auch eine Behandlung mit Spiritus.

*

Leichtere Flecken

Wenn Sie leichtere Flecken in Wolle oder anderen Stoffen haben, dann baden Sie diese in warmem Wasser, in dem weiße Bohnen (kalt angesetzt, ohne Salz) gekocht worden sind.

*

Likörflecken

Sollten Sie auf Ihr Seidenhemd ein wenig Likör gekleckert haben, reiben Sie den Fleck mit destilliertem Wasser ein. Damit lässt er sich gut beseitigen.

Sind die Likörflecken frisch, so tauchen
Sie sie einfach in heißes Wasser.

*

Make-up-Flecken

Auf dunkler Kleidung lässt sich
ein solcher Fleck mit Brot abreiben.
Dabei aber sanft vorgehen.

Rougeflecken behandeln Sie am besten
mit Alkohol oder Waschbenzin.

An Lippenstiftflecken sollten Sie sich
mit Terpentin machen.

Parfumflecken mit Alkohol
entfernen.

Nagellackflecken bekommen Sie
mit Aceton in den Griff. Hinterher noch
mit Spiritus nachbehandeln und
danach in die Wäsche geben.

*

Ölflecken

Zur Entfernung von Ölflecken verwenden Sie am besten Waschbenzin.

Gut gegen Ölflecken hilft auch eine Behandlung mit Zitrone oder Butter.

Schmieröl beseitigen Sie, indem Sie die Flecken mit Butter oder Margarine einreiben. Nach einer Viertelstunde das übrige Fett mit einem Messer abkratzen und das Kleidungsstück in die Wäsche geben.

*

Obst- und Saftflecken

Flecken dieser Art lassen sich gut mit kochendem Wasser entfernen, das man aus ziemlicher Höhe in verdünntem Strahl über die Verschmutzung gießt.

Bei Flecken von gekochtem Obst hilft eine warme Salmiak-Wasser-Mixtur. Nach dem Auftragen dieser Mischung sollte man das befleckte Kleidungsstück in Buttermilch mit etwas Zitronensaft ziehen lassen und schließlich alles gut ausspülen.

Obstflecken auf Leinen oder Wolle beträufeln Sie am besten mit Zitronensaft. Anschließend mit Seifenlauge auswaschen.

Ein geeignetes Mittel, Obstflecken herauszubekommen, ist, sie vor dem Waschen mit saurer Milch zu behandeln.

*

Ananasflecken

Feuchten Sie Saftflecken von dieser Frucht an und waschen Sie sie mit Gallseife aus.

*

Apfelsinenflecken

Betupfen Sie Apfelsinensaftflecken zunächst mit Glycerin und waschen Sie danach die Flecken gründlich mit Wasser aus.

Blaubeerflecken

Meist sind diese Flecken ausgesprochen hartnäckig. Sie kommen ihnen aber gut mit Wasserstoffsuperoxyd bei.

*

Erdbeerflecken

Dieser Flecken werden Sie mit einer Boraxlösung Herr.

*

Kirsch- und Himbeersaftflecken

Reiben Sie solche Flecken sofort mit Zitronensaft ein. Danach alles gründlich auswaschen.

*

Heidelbeerflecken

Heidelbeerflecken weichen Sie einfach in Borax-Seifenwasser ein. Danach gründlich auswaschen. Sie werden sehen: Der Fleck ist weg!

*

Rostflecken

Bearbeiten Sie Rostflecken mit Salz und Zitronensäure.

*

Rote-Bete-Flecken

Flecken von roter Bete sollten sie ohne Zögern kalt auswaschen und einweichen lassen. Geben Sie schließlich etwas Borax auf den Fleck und spülen Sie mit sehr heißem Wasser nach.

*

Rotweinflecken

Hier ist schnelles Handeln vonnöten. Streuen Sie sofort Salz über den Fleck. Dann auswaschen.
Rotweinflecken im Teppich verschwinden, wenn Sie diese mit Mineralwasser übergießen.

Mit Selterswasser lassen sich auch Rotweinflecken in Tischdecken beseitigen.

Gießen Sie Weißwein über ganz frische Rotweinflecken. Auch das hilft hervorragend.

*

Schokoladenflecken

Halten Sie die Flecken mehrmals in lauwarme Milch. Danach mit klarem Wasser alles wieder ausspülen.

Sie können die Flecken jedoch auch mit etwas Fett in Verbindung mit Alkohol abtupfen und schließlich auswaschen.

*

Schuhcremeflecken

Solche Flecken bekommen Sie mit Terpentin in den Griff. Besonders hartnäckige Verschmutzungen mit mangansaurem Kali behandeln und hinterher noch einmal auswaschen.

*

Schweißflecken

Diese Flecken lassen sich mit einer Mischung aus Salmiakgeist und Alkohol im Verhältnis eins zu eins entfernen.

Gegen Schweißflecken auf bunten Stoffen können sie mit Essigwasser vorgehen.

Durchgeschwitzte Jackenärmel lassen sich leicht auswaschen mit einer Mischung aus Salmiakgeist und Alkohol im Verhältnis eins zu eins auswaschen.

*

Sektflecken

Lediglich mit reinem, lauwarmem Wasser sollten Sie Sektflecken auswaschen. Bitte benutzen Sie kein Seifenwasser.

*

Sengflecken

Sengflecken können beim Bügeln entstehen. Sie verschwinden, wenn man sie tüchtig mit reinem Zwiebelsaft einreibt und danach mit kaltem Wasser gründlich auswäscht.

*

Spinatflecken

Lästige Spinatflecken können Sie mit einer rohen Kartoffelhälfte entfernen. Behandeln Sie den Fleck einige Zeit mit der Kartoffel und spülen Sie anschließend gut nach.

*

Stockflecken

Wenn sich Stockflecken in Ihrer Wäsche befinden, dann können Sie diese durch Eintauchen der Kleidung in Essig entfernen.

Sind die Stockflecken alt und besonders hartnäckig, dann hilft mehrmaliges Betupfen mit Salmiakgeist.

*

Verfärbte Strümpfe

Verfärbte Strümpfe in einer Boraxlösung einweichen.

*

Teeflecken

Mit einer Mischung aus Wasser und Zitronensaft entfernen Sie leicht auch die schlimmsten Teeflecken.

*

Teerflecken

Bedecken Sie Teerflecken mit einem Eigelb und waschen Sie alles nach einigen Stunden warm aus.

Sie beseitigen diese Flecken auch, indem Sie sie mit Butter einreiben und anschließend auswaschen.

*

Tintenflecken

Wenn Sie Tintenflecken mit Milch waschen und Sie hinterher mit Weingeist bearbeiten, werden Sie diese Flecken schnell los.

Sind die Flecken besonders hartnäckig, dann empfiehlt es sich, sie zuvor mit Erdbeeren einzureiben.

Auch eine Vorbehandlung durch Rharbarbersaft nimmt Tintenflecken ihren Schrecken.

Tomatenflecken

Sie sollten Tomatenflecken so schnell wie möglich mit einer lauwarmen Seifenlauge oder einer Salmiakgeistlösung auswaschen.

Bei Tomatenflecken hilft auch Wasserstoffsuperoxyd, mit dem der Fleck behandelt wird.

Anschließend das Kleidungsstück gut einweichen und in der Maschine waschen.

*

Urinflecken

Um Urinflecken zu entfernen, sollten Sie diese erst mit viel Salz abreiben und danach alles mit kaltem Wasser abwaschen. Bei sehr hartnäckigen Flecken empfiehlt sich eine Nachbehandlung mit Ammoniak. Hinterher noch mit einer Essiglösung abtupfen und noch einmal waschen.

*

Vogeldreck

Waschen Sie Vogeldreck am besten mit Seifenwasser aus. Oder versuchen Sie eine Mischung aus Zitronensaft und Essig.

Je nach Art des Stoffes können Sie auch Waschbenzin zur Fleckenentfernung benutzen.

*

Wachsflecken

Legen Sie über Wachsflecken Löschpapier und bügeln Sie mit dem Bügeleisen bei mittlerer Temperatur darüber. Das Löschpapier saugt nun den Wachs heraus.

Sie können natürlich auch Toilettenpapier für diese Prozedur verwenden.

Wenn Sie farbige Wachsflecken beseitigen müssen, entfernen Sie das Wachs mit Bügeleisen und Löschpapier, die Farbe wiederum bekommen Sie mit Essigwasser heraus.

*

Wasserflecken

Auf Fußböden werden Sie Wasserflecken schnell los. Einfach mit Essig mehrmals hintereinander den Boden aufwischen.

Es ist nicht alles Gold, was glänzt

Die besten Tipps zur Pflege
von Gebrauchsgegenständen

Aschenbecher

Aschenbecher nehmen sehr gern den Geruch von Asche an. Um diesen Geruch zu beseitigen, sollten Sie Ihren Aschenbecher mit Essigwasser säubern. Der Geruch verschwindet dann.

*

Verkrustete Backbleche

Sind Ihre Backbleche voller Krusten, können Sie sie leicht reinigen, indem Sie sie nachts ins Freie oder in einen feuchten Raum stellen. Am nächsten Morgen lässt sich die Kruste leicht mit Papier abstreifen.

*

Bilderrahmen

Reiben Sie vergoldete Bilderrahmen von Zeit zu Zeit mit einer rohen Kartoffelhälfte ab. Das lässt Sie wieder im alten Glanz erstrahlen.

Brillengläser

Damit Ihre Brillengläser nicht mehr beschlagen, reiben Sie sie einfach mit ein paar Tropfen Glycerin ein. Hinterher die Gläser mit einem weichen Tuch nachpolieren.

*

Bügeleisen

Wenn Sie Ihr Bügeleisen besonders gründlich reinigen möchten, dann reiben Sie es nach dem Bügeln, wenn es noch heiß ist, mit Bienenwachs ab und wischen mit einem Baumwolltuch nach.

*

Glasgefäße

Glasgefäße können beim Eingießen zu heißer Getränke springen. Dies können Sie verhindern, wenn Sie gläserne Tassen und Kannen auf einen kalten Teller stellen.

Fest sitzende Gläser

Sitzen Gläser ineinander fest, so lösen sie sich augenblicklich, wenn man das untere in heißes Wasser stellt und in das obere kaltes Wasser gießt.

*

Flaschenverschluss

Glasstöpsel von Karaffen und Flaschen sehen dekorativ aus, können sich aber auch leider leicht fest setzen. Dem können Sie vorbeugen, wenn Sie sie vor Gebrauch leicht mit Öl einreiben.

*

Holzbrettchen

Nach einer gewissen Zeit hinterlassen Messer tiefe Risse in Holzbrettchen, so dass sich hier leicht Schimmel bilden kann. Am besten wechseln Sie Holzbrettchen in regelmäßigen Abständen aus.

Hat das Brett eine entsprechende Dicke, können Sie es auch mit einem Hobel behandeln, bis alle Risse verschwunden sind.

Waschen Sie Holzbrettchen nie in der Spülmaschine, sie trocknen sonst zu sehr aus.

*

Kerzen

Sind Kerzen für den Kerzenleuchter zu dick, tauchen Sie die Enden der Kerzen in heißes Wasser. Dadurch wird das Wachs formbar und Sie können es mit Ihren Fingern in die benötigte Form bringen.

Um die Brenndauer von Kerzen zu verlängern, streuen Sie Salz auf das flüssige Wachs.

Um ein Tropfen Ihrer Kerzen zu verhindern, legen Sie sie in ein Salzbad und lassen sie an der Luft trocknen.

Kerzenleuchter

Wenn Sie den Wachs von Ihrem Kerzenleuchter entfernen möchten, dann legen Sie den Leuchter eine Stunde ins Gefrierfach. Das Wachs lässt sich dann ganz einfach lösen.

*

Klaviertasten

Vergilbte Tasten lassen sich mit verdünntem Spiritus auf einem weichen Tuch wieder aufhellen.

Wenn Sie Ihr Klavier besonders pflegen wollen, dann reiben Sie die Tasten ab und zu mit Zahncreme ein.

*

Küchenmesser

Küchenmesser sollten Sie immer lauwarm abspülen. Hohe Temperaturen machen sie stumpf.

Metallstempel

Drücken Sie Stempel aus Metall in heißen Siegellack und lassen Sie sie darin stehen, bis sie erkalten. Wenn Sie sie herausziehen, sehen die Stempel aus wie neu.

*

Porzellan

Mit Apfelsinenschalen lassen sich nicht nur Emaillegefäße, Ausgüsse und Badewannen, sondern auch Porzellan verschiedenster Art, Form und Farbe ganz hervorragend reinigen.

Ihr Porzellan sollten Sie nur mit Wasser und ein wenig Spülmittel reinigen. Das feuchte Porzellan hinterher mit etwas Alkohol abwischen. So erhalten Sie einen wunderbaren Glanz und geben den wertvollen Stücken zugleich die geeignete Pflege.

*

Regenschirme aufpolieren

Um graue und farblose Regenschirme wieder strahlend schön werden zu lassen, können Sie sie mit Spiritus abbürsten.

Durchlässige Stellen beheben Sie mit essigsaurer Tonerde.

*

Silberbesteck

Wenn Sie Ihr Silberbesteck längere Zeit nicht brauchen, dann wickeln Sie es in Seidenpapier ein. Das sollte aber nicht weiß sein, da es Schwefel enthält, das seinerseits zum Anlaufen des Silbers führt.

Salat und auch Eier sollten Sie nicht mit Silberbesteck essen, damit es auch in Zukunft noch glänzt.

Ist Ihr Besteck schon angelaufen, behandeln Sie es mit Zahncreme. Das Abspülen und Polieren aber nicht vergessen.

Legen Sie das Silber einige Minuten in eine Lösung von einem Liter Wasser, etwas Salz und ein wenig Soda. Waschen Sie es danach mit Seifenwasser ab und polieren Sie es nach. Es wird nach dieser Behandlung wieder wunderschön glänzen.

Legen Sie in die Schublade, in der Sie Ihr Silberbesteck aufbewahren, ein Stück weiße Schulkreide. Dadurch wird Ihr Silber nicht mehr anlaufen.

*

Telefon

Reiben Sie ihr Telefon öfters mit Spiritus ab, das bringt schönen Glanz.

*

Thermoskanne

Vorsicht, wenn Sie heiße Getränke in Thermoskannen gießen. Sie können bei zu großer Hitze springen.

Das verhindern Sie, wenn Sie die Thermoskanne zuvor unter warmen Dampf halten. Sie ist dann bereits vorgewärmt und gegen hohe Temperaturen unempfindlich.

Hässliche Kaffee-Ablagerungen in Thermoskannen beseitigen Sie mit heißem Salzwasser, das Sie einige Zeit in der Kanne stehen lassen. Anschließend gut ausspülen.

*

Tonübertöpfe

Nach einiger Zeit setzen Tonübertöpfe eine hässliche Kalkschicht an. Diese vergeht, wenn Sie sie mit Speiseöl abreiben.

*

Töpfe

Sind Ihre Topfböden verrostet, sollten Sie sie mit Petroleum abreiben und einige Tage stehen lassen.

Ist etwas angebrannt, dann lassen Sie die angebrannte Fläche im Topf und kochen Sie sie sofort mit Wasser auf. Das erleichtert später das Reinigen.

*

Verklebte Tuben

Es kann schon einmal passieren, dass Tuben sich nicht mehr öffnen lassen. In diesem Fall tauchen Sie den Tubenkopf in heißes Wasser. Danach lässt sich die Tube wieder leicht öffnen.

*

Wasserkessel

Erwärmen Sie von Zeit zu Zeit Essig mit ein wenig Salz in Ihrem Wasserkessel. Dadurch verhindern Sie das Ansetzen von Kesselstein. Anschließend den Kessel gut ausspülen.

*

Zinnbecher

Reiben Sie Trinkbecher aus Zinn mit warmem Bier ab. So werden diese schön sauber und erhalten einen vortrefflichen Glanz.

Samtweich und seidenglatt

Die besten Tipps für die Wäschepflege

Wäsche waschen

Wenn Ihre Wäsche stark verschmutzt ist, sollten Sie sie vor dem eigentlichen Waschen einweichen.

Weiße und bunte Wäsche immer getrennt einweichen bzw. waschen.

Haben Sie Stoffe selbst gefärbt, tauchen Sie sie vor dem ersten Waschen in Essigwasser. Sonst färben sie sehr leicht ab.

Wenn Sie dem Waschwasser Essig zusetzen, verhindern Sie das Auslaufen der Farben.

Sind Farben verlaufen, geben Sie dem Waschwasser Essig bei und waschen Sie die Kleidungsstücke so lange, bis die Farben wieder klar sind. Nicht nachspülen!

Kratzende Pullover bekommen Sie wieder weich und flauschig, indem Sie sie mit ein wenig mildem Haarwaschmittel vorsichtig waschen, anschließend zehn Minuten in einem Haarkur-Bad liegen lassen und zum Schluss gründlich ausspülen.

Schweißränder verlieren ihren Geruch und verschwinden, wenn sie vor dem Waschen in warmem Essigwasser eingeweicht werden.

*

Buntwäsche

Buntwäsche nur kurz, niemals heiß einweichen.

Setzen Sie dem Spülwasser etwas Zucker zu, dann leuchten die Farben wieder.

*

Feinwäsche

Feinwäsche nie zu warm waschen. Das schadet der Kleidung.

Benutzen Sie bei Feinwäsche immer spezielles Feinwaschmittel, normales Waschmittel greift die Fasern an.

*

Kochwäsche

Kochwäsche wird wieder wunderbar weiß, wenn man einen Leinenbeutel mit Eierschalen füllt und diesen Beutel in der Wäsche mitkochen lässt.

Vergessen Sie nicht zu prüfen, ob Ihr Kleidungs- bzw. Wäschestück wirklich bei 95 °C gewaschen werden darf.

*

Angora

Bei Angora sollten Sie immer sehr vorsichtig sein. Nie in die Wäsche geben, sondern stets mit der Hand waschen.

*

Baumwolle

Bevor Sie verfilzte Baumwollkleidung in den Müll geben, sollten Sie folgende Methode ausprobieren: Legen Sie die Wäsche noch einmal in die Waschmaschine. Danach sollten Sie sie in abgekochtem Wasser weißer Bohnen spülen.

Um verblasste Farben auf Baumwolle wieder aufzufrischen, legen Sie den Stoff einige Stunden in Magermilch und spülen ihn danach gründlich aus.

Zur Imprägnierung von Baumwollstoffen eignet sich essigsaure Tonerde: Die Kleidungsstücke in eine 1:10 verdünnte Lösung eintauchen, auswringen und anschließend trocknen lassen.

*

Filz

Schmutzig gewordenen Filz am besten mit Salmiakgeist, zur Hälfte mit Wasser

verdünnt, reinigen. Die Form
leidet dabei nicht.

*

Flanell

Wollflanellkleidung bedarf besonderer Pflege und Behandlung. Achten Sie darauf, dass das Waschwasser nie zu heiß ist.

Wenn Ihr weißer Flanell wieder richtig schön strahlen soll, so lassen Sie ihn eine Weile in verdünnter Ammoniaklösung liegen.

*

Kordsamt

Kordsamt bedarf eines behutsamen Umgangs. Er kann zwar in der Maschine gewaschen werden, jedoch sollten Sie die Innenseite nach außen kehren, um Farben und Qualität des Stoffes zu erhalten.

Bei Fleckenentfernung oder ähnlichem nicht zu viel reiben, das führt zu einer Qualitätsminderung des Stoffes.

*

Leinen

Vergilbtes Leinen wird wieder schön weiß, wenn man es vor der Wäsche eine Nacht in kaltem Wasser einweicht, dem man auf je einen Liter Wasser einen Esslöffel gereinigten Weingeist beigemischt hat.

*

Samt

Damit Samt schön glänzt, sollten Sie ihn ab und zu vorsichtig mit einer in Salz getauchten Bürste behandeln.

Vor dem Waschen die innere Seite nach außen krempeln, damit Farbe und Beschaffenheit geschützt werden.

Satin

Satin ist ein sehr feiner Stoff. Geben Sie deshalb bei seiner Pflege unbedingt auf die Pflegeanleitung des Etiketts Acht.

Dem Waschwasser ein wenig Borax zufügen und Satin lässt sich recht gut waschen.

Flecken auf schwarzem Satin mit Waschbenzin bereinigen. Danach das Kleidungsstück entweder in Buttermilch oder in Essigwasser legen und gründlich mit klarem Wasser ausspülen.

Auch Bier ist für die Reinigung von Satin geeignet. Tränken Sie ein Schwammtuch damit und reiben Sie den Fleck weg. Auch hier gilt wieder: sorgsam ausspülen.

*

Seide

Nicht farbechte Seide lässt sich leicht farbecht machen. Einfach in Essigwasser waschen, dem einige Efeublätter beigegeben wurden. Dann in Salzwasser nachspülen.

Blusen aus Seide können Sie in Spiritus spülen.

Soll Ihre schwarze Bluse wieder schön glänzen, so behandeln Sie sie mit schwarzem Tee.

Wenn Sie Seide in Wasser mit einer Prise Zucker waschen, erhält sie einen schönen Glanz.

Sonnenlicht und Schweiß setzen Seide zu. Deshalb tragen Sie seidene Kleidung nicht in der prallen Sonne und möglichst nicht während körperlich anstrengender Unternehmungen.

Flecken entfernen Sie mit dem Kochwasser von Kartoffeln.

Seidene Wäsche wird wie neu, wenn man sie in einer lauwarmen Abkochung von Efeublättern wäscht. Hinterher müssen Sie sie noch in Salzwasser mit Essig nachwaschen.

*

Spitze

Spitze immer mit der Hand und nur mit Feinwaschmittel waschen.

Wenn Sie besonders wertvolle Spitze besitzen, sollten Sie sie in einem Kissenüberzug waschen und ausspülen.

*

Wolle

Wolle ist ein sehr empfindliches Material. Lassen Sie es deshalb nicht zu lange vor dem Waschen einweichen. Das fördert Verfilzungen.

Für die kalte Handwäsche sollten Sie nur spezielle Wollwaschmittel benutzen, die die Fasern nicht aufrauen.

Weiße Wolle kann vergilben. Wenn Sie sie aber in Wassersuperoxyd-Lösung einweichen und hinterher gut ausspülen, dann ist sie wieder strahlend weiß.

Damit Wolle nicht einläuft, dem Spülwasser etwas Glycerin beifügen.

Ihre Wollsocken bewahren Sie vor dem Einlaufen, indem Sie sie vor dem ersten Anziehen mit einem nassen Tuch bedecken und so lange bügeln, bis das Tuch trocken ist.

Legen Sie Wolle in kochendes Wasser, bevor Sie sie verabeiten, und lassen Sie sie darin so lange liegen, bis das Wasser vollständig abgekühlt ist. Anschließend die Wolle trocknen. Das schützt die fertigen Wollpullover vor dem Einlaufen.

Schönen Glanz für Ihre dunkle Wollkleidung erhalten Sie, wenn sie zehn Gramm Pfeifentabak auf einen halben Liter Wasser gießen und das Kleidungsstück mit diesem Sud abbürsten.

Feuchten Sie Wolle mit einer Mischung von Salmiakgeist und Wasser (1:10) an, dann nehmen Sie Wolle unerwünschten Glanz.

Benutzen Sie das Kochwasser von Kartoffeln, um Flecken auf Wolle zu bereinigen.

*

Gestärkte Wäsche

Weichen Sie gestärkte Wäsche in warmem Wasser ein, damit die alte Stärke aufgelöst wird. Sonst vergilbt die Wäsche und wird leicht brüchig.

*

Gürtel

Reiben Sie weiße Ledergürtel mit einer Mixtur aus Milch und Eiweiß ein und polieren Sie mit einem weichen Wolltuch nach. Dann sieht der Gürtel wieder aus wie neu.

*

Handtücher

Wenn Ihre Handtücher rau geworden sind, dann bekommen Sie sie wieder mit heißer Essiglösung weich.

*

Jeans

Weichen Sie Ihre Jeans vor dem ersten Waschen mindestens eine Stunde in kaltem Salzwasser ein. Dann blutet die Hose beim Waschen nicht aus.

Wenn Ihre blaue Jeans verblasst ist, kann Waschen mit Waschblau Abhilfe leisten.

Kragen

Meistens ist es der Kragen, der am schnellsten verschmutzt. Wenn Sie deswegen nicht das ganze Hemd waschen möchten, Versuchen Sie es einmal mit heißem Natronwasser, mit dem Sie über den Schmutz fahren. Danach ausspülen und trocken nachreiben.

*

Strümpfe

Damit Strümpfe besser halten, vor dem ersten Gebrauch in kaltem Wasser waschen.

*

Strumpfhosen

Waschen Sie Ihre Strumpfhosen mit Haarwaschmittel, lassen es einwirken und spülen es gut aus. So erhöhen Sie die Reißfestigkeit Ihrer Nylonstrümpfe.

*

Reißverschluss

Achten Sie darauf, dass Reissverschlüsse während des Waschens geschlossen sind. Andernfalls verziehen sie sich und verklemmen dann leicht.

Sollte der Reissverschluss schon haken, dann reiben Sie ihn mit einer Kerze ein.

Schwer gängige Reißverschlüsse lassen sich einfach wieder reparieren. Sprühen Sie den Reißverschluss mit Stärke ein und bügeln Sie noch einmal darüber.

*

Wäsche trocknen

Wäsche sollten Sie so oft wie möglich an der Sonne trocknen lassen. Das schont die Wäsche und spart Energie.

Vorsicht: Farbige Kleidung bleicht bei starker Sonneneinstrahlung aus. Deshalb bunte Stücke stets nur im Schatten trocknen oder auf links drehen.

Auch bei heller Wolle ist Vorsicht geboten. Diese wird nämlich durch Sonnenstrahlen gelblich.

*

Wäsche färben

Durch Auslaugen von grünen Walnussschalen in kaltem oder warmem Wasser erhält man eine braune Beize, die Stoffe oder Garne schön braun färbt – wenn man sie einige Zeit hineinlegt.

Wenn sie Ihre Kleidung violett färben wollen, dann tränken Sie sie einfach in Heidelbeersaft.

Um Stoffe, die Sie selbst färben möchten, waschecht einzufärben, sollten Sie sie einige Stunden in frische Milch legen.

Schuhpflege

Damit der Lack von Lackschuhen im Winter nicht springt, die Schuhe vor dem Anziehen leicht anwärmen.

Sind Ihre Lederschuhe fleckig geworden, so reiben Sie sie einfach mit einer halben Zwiebel ein. Danach noch mit einem weichen Tuch nachgehen und Ihre Schuhe sehen wieder aus wie neu.

Feuchte Lederschuhe mit kaltem Essigwasser abreiben und mit Zeitungspapier ausstopfen. Erst, wenn der Schuh vollkommen trocken ist, eincremen. So vermeiden Sie hässliche Ränder.

Damit Ihre Schuhe erst gar keine Schneeränder bekommen, sollten Sie sie öfters mit etwas Milch einreiben.

Schmutzig gewordene, weiße Stoffschuhe bekommen Sie mit einem Brei aus Kreidepulver wieder strahlend weiß.

Das Futter von Winterschuhen reinigen Sie, indem Sie Talkumpuder in die Schuhe geben und dieses einige Zeit einwirken lassen. Anschließend den Puder vollständig ausschütten.

Die Lebensdauer von Schuhsohlen verlängert sich, wenn Sie Rhizinusöl darauf streichen.

Kreppsohlen werden durch die Reinigung mit Terpentin wieder wunderbar sauber.

Um das Brennen der Zehen in neuen Schuhen zu verhindern, sollten Sie ein nasses Leinenläppchen fest in die Spitze des Schuhes legen. Schon am Morgen ist die Gerbsäure herausgezogen, die den empfindlichen Schmerz verursacht.

Mit Volldampf obenauf

Die besten Tipps zum Bügeln

Bügeleisen

Bevor Sie mit dem Bügeln beginnen, sollten Sie das Bügeleisen eine Weile in Betrieb stehen lassen, damit Ihr Bügeleisen gleichmäßig die richtige Temperatur zum Bügeln hat.

Um Zeit und Aufwand zu sparen, am besten mit empfindlicher Wäsche beginnen, die nur niedrige Bügel-Temperaturen benötigt.

Wäsche, die weniger temperaturempfindlich ist, zum Schluss bügeln.

Entkalken Sie Ihr Dampfbügeleisen regelmäßig. Damit verlängern Sie deutlich die Lebensdauer Ihres Bügeleisens.

Moderne Dampfbügeleisen benötigen kein destilliertes Wasser mehr. Sie können ganz normales Leitungswasser hineinfüllen. Doch geben Sie diesem Wasser einen Spritzer Zitronensaft bei, verringern Sie die Kalkablagerungen in Ihrem Bügeleisen.

Bügelbrett

Wenn Sie Ihr Bügelbrett mit einem silberfarbenen Überzug versehen, können Sie viel Energie sparen, da ein solcher Überzug die Hitze reflektiert und die Wäsche dadurch schneller glatt wird.

*

Anzüge

Leichter aufzubügeln sind Anzüge, wenn Sie sie über Nacht geschützt draußen hängen lassen. Besonders bei Nebel oder Nieselregen ist das von Vorteil.

*

Baumwolle

Um beste Bügelqualität zu erreichen, sollte Baumwollwäsche noch einigermaßen feucht sein und von links gebügelt werden. Das vermeidet glänzende Stellen.

*

Bettbezüge

Ihre Bettbezüge sollten Sie nur auf der linken Seite bügeln. Das schont die Farben und ist praktisch, da Sie die Bezüge beim Bettenbeziehen nicht mehr umkrempeln müssen.

*

Chemiefasern

Bei allen Chemiefasern ist Vorsicht geboten. Sie sind äußerst temperaturempfindlich. Verzichten Sie möglichst auf das Bügeln oder bügeln Sie nur mit einem mäßig warmen Bügeleisen.

*

Chintz

Wenn Sie Chintz auf der rechten Seite bügeln, erhalten Sie einen optimalen Glanz.

*

Hemden und Blusen

Bei Hemden und Blusen sollten Sie mit Kragen und Ärmeln beginnen.

Bügeln Sie zuerst die Rückseite und dann die Vorderseite, die Sie anschließend zuknöpfen können.

Vor dem Zusammenlegen etwas auslüften lassen.

✳

Kniffe

Ihre Bügelfalten werden haltbarer, wenn Sie die linke Seite vor dem Bügeln etwas befeuchten.

Damit die Bügelfalte an Ihren Hosen länger hält, die Hosenbeine auf die linke Seite ziehen, anfeuchten, wieder wenden und auf der rechten Seite mit einem feuchten Tuch aufbügeln.

Kragen

Wenn Sie Kragen bügeln, immer von außen nach innen bügeln. Das vermindert das Faltenrisiko an der Kragenspitze.

*

Samt

Bei Druckstellen auf Samt können Sie sich leicht helfen. Befestigen Sie ein vorher befeuchtetes Leinentuch an einem nicht allzu warmen Bügeleisen und bügeln Sie damit über die Druckstelle.

*

Stickereien

Bunte Stickereien bedürfen besonderer Pflege. Sie sollten über die Stickereien einen in Essig getränkten Lappen legen, der nicht fusselt, und so lange darüber bügeln, bis alles trocken ist. Der Lappen schont die Stickereien und der Essig lässt die Farben wieder lebendiger aussehen.

Taschentücher

Legen Sie mehrere Taschentücher übereinander. Das spart Zeit und Mühe und glättet dennoch alle Falten.

*

Wäsche befeuchten

Ist die Wäsche schon trocken, dann befeuchten Sie sie mit Wasser und rollen Sie das Wäschestück ein, damit sich die Feuchtigkeit gleichmäßig verteilt.

Wenn Sie dunkle Stoffe einfeuchten und dann bügeln, sollten Sie vor dem Bügeln Zeitungspapier zwischen Stoff und Bügelbrett legen. Dadurch verhindern Sie ein mögliches Abfärben auf den Überzug.

*

Pressen

Nicht bügelfähige Kleidungsstücke können gepresst werden. Hierzu benötigen Sie nur ein angefeuchtetes Tuch, das Sie über das zu pressende Kleidungsstück legen. Dann stellen Sie ein gut geheiztes Bügeleisen auf das Tuch und nehmen es wieder hoch. Diesen Vorgang so oft wiederholen, bis das Tuch trocken ist.

*

Dampf machen

Bügeln mit Dampf schont nicht nur das Gewebe, sondern macht auch das Glätten der Kleidung einfacher.

*

Bügeln an der frischen Luft

Sobald schönes Wetter ist, sollten Sie Ihr Bügelbrett nach draußen stellen. Die frische Luft tut Hals und Nase gut.

Denken Sie daran, dass auch natürliche Stoffe wie Baumwolle mit Chemie behandelt werden.

Um Knopf und Kragen

Die besten Tipps zum Nähen

Knopffaden verstärken

Sie können den Knopffaden leicht verstärken, wenn Sie ihn mit Kerzenwachs einreiben. Der Knopf fällt dann nicht mehr so leicht ab.

Als Knopffaden eignet sich besonders gut Zahnseide. Sie ist sehr widerstandsfähig.

Möchten Sie einen Knopf mit vier Knopflöchern annähen, dann steigern Sie die Haltbarkeitsdauer Ihrer Näharbeit, indem Sie zwei Löcher jeweils mit einem getrennten Faden annähen. Reißt einmal ein Faden, dann hält der Knopf dennoch, da er ja durch den Faden in den beiden anderen Löchern fest mit dem Material verbunden ist.

*

Faden einfädeln

Manchmal ist das schon ganz schön schwierig, den Faden durch die Nadel zu bekommen. Leichter geht es auf folgende Art und Weise: Befeuchten Sie den Anfang des Fadens mit etwas Spucke und drehen Sie ihn danach spitz zu. So fällt das Einfädeln leichter.

*

Dicke Stoffe

Reiben Sie die Nähnadel mit Seife ein, um dicke Stoffe mit der Nähmaschine zu nähen. So vermeiden Sie einen Bruch der Nähnadel.

*

Dickes Leder

Damit sich dickes Leder leichter schneiden lässt, vorher eine Zeit lang in Wasser einweichen.

*

Derbe Stoffe

Wenn Sie etwas Derbes nähen, wie zum Beispiel Leder, Läuferstoff oder Filz, dann sollten Sie zuvor den Faden mit etwas Paraffin einwachsen. Die Naht wird dadurch dreimal so haltbar.

*

Fingerhut

Verzichten Sie nicht auf den kleinen Helfer Fingerhut. Er ist altbewährt und schützt zuverlässig vor wunden Händen nach dem Nähen.

Eine andere Möglichkeit, seine Fingerkuppen während längerer Näharbeiten vor schmerzhaften Einstichen zu schützen, ist die, sie zu Beginn der Arbeit mit Nagellack einzustreichen.

*

Alle Nadeln beieinander

Lästiges Suchen muss nicht sein. Ein Magnet, den Sie in Ihr Nähkästlein legen, hält alle Nadeln beieinander.

*

Nadeln pflegen

Ein Kissen, das mit Stahlwolle gefüllt ist, lässt Nadeln nicht stumpf werden.

Stumpfe Nadeln mit Schmirgelpapier abreiben. Nach einer solchen Behandlung sind die Nadeln wieder spitz.

Stechen Sie mit Rost überzogene Nadeln immer wieder in ein Stück Kernseife und reiben Sie sie danach gründlich ab. Mit dieser Prozedur bekommen die Nadeln ihren alten Glanz zurück.

*

Nähkästlein auf Reisen

Auf Reisen können Sie Ihr Nähzeug ganz praktisch in einer ausgedienten, gesäuberten Lippenstifthülle transportieren.

*

Lustige Herzen

Bei Kindern kommt es häufig vor, dass die Knie der Hosen aufgescheuert sind. Mit lustigen, farbigen Kinderherzen können Sie diese Stellen flicken. Das Leder schützt dann auch die Knie.

Denken Sie daran, dass Flicken aller Art erst gewaschen werden müssen, damit sie später nicht einlaufen.

Steter Tropfen macht den Meister

Die besten Tipps
zum Reparieren und Ausbessern

Anstreichen

Wenn Sie über den Stiel Ihres Pinsels einen Bierdeckel stülpen, halten Sie Ihre Hände beim Anstreichen frei von herabtropfender Farbe.

Farbspritzer vom Anstreichen bekommen Sie dann ganz leicht wieder vom Fußboden ab, wenn Sie den Boden vor dem Streichen angefeuchtet haben. Die Farbe trocknet dann nämlich nicht so schnell.

Falls Ihr Pinsel zu klein ist und in den Farbtopf zu fallen droht, schlagen Sie doch einfach in seinen Griff einen Nagel ein. Der bleibt dann stets am Rand des Farbeimers hängen und verhindert das Abgleiten des Pinsels in die Farbe.

*

Bilder schützen

Wenn die Wände, an denen Ihre Bilder hängen, feucht sind, bedürfen die Bilder eines Schutzes gegen die Nässe. Kleben Sie hinten an den Ecken der Bilder Korkstückchen an. Dadurch kann keine Nässe an die Bilder herankommen.

*

Verrutschte Bilder

Bilder können leicht verrutschen. Kleben Sie kleine Korkecken an den Rahmen, so hat das Bild wieder Halt.

*

Blech entrosten

Um Rost von Blech zu entfernen, verwenden Sie am besten Tomatensaft. Der wirkt wahre Wunder.

*

Draht

Um hart gewordenen Draht wieder biegsam zu machen, müssen Sie ihn nur eine Weile erhitzen und anschließend wieder auskühlen lassen.

*

Eisen streichen

Um das Abschälen des Anstrichs auf Eisen zu verhindern, sollten Sie das Eisen vorher abwaschen und nach dem Tocknen mit heißem Leinöl behandeln. Dann erst streichen. Die Nässe schadet nun nicht mehr.

Den Anstrich von kleineren Eisengegenständen verbessern Sie, indem Sie sie vor dem Streichen in Leinöl tauchen.

*

Eselsohren

Sollten Dokumente Eselsohren haben, so bekommen Sie diese weg, wenn Sie sie mit etwas Wasser benetzen und anschließend wieder glatt bügeln.

Hart gewordene Farbpinsel

So machen Sie hart gewordene Farbpinsel wieder gebrauchsfähig: Klopfen Sie die Borsten mit einem Hammer locker und reiben Sie sie dann tüchtig mit Schmierseife ein. Den Pinsel so rund 24 Stunden liegen lassen und danach mit warmem Sodawasser ausreiben.

*

Fensterkitt

Um Fensterkitt leicht von den Fenstern abzulösen, können Sie mehrmals vorsichtig mit dem Bügeleisen darüber fahren.

*

Gardinenringe

Wenn Ihre Gardinenringe nur schwer über die Stange laufen, so können Sie dies sofort beheben, indem Sie die Gardinenstange und -schnüre mit Paraffin einreiben.

Gips feucht halten

Um Risse in Wänden auszubessern benötigt man häufig Gips. Der bleibt länger feucht, wenn man etwas Spiritus hinzu gibt.

*

Öl für Haken

Um Haken leicht und problemlos in die Wand zu bekommen, einfach vorher die Haken in etwas Öl legen. Dann gleiten sie quasi von allein in die Wand.

*

Kaminofen

Ein qualmender Kaminofen im Sommer kommt dadurch zustande, dass die Esse kalt ist, der Rauch niedergehalten wird und zurückschlägt. Um das zu verhindern, sollten Sie zunächst ein Stück Papier anzünden und in die Esse zur Öffnung hineinstecken, so dass die Luft angewärmt wird und der Rauch seinen Weg nach oben findet.

In besonders hartnäckigen Fällen können Sie das Papier in Spiritus tränken.

*

Kugelschreiber

Sollte die Miene Ihres Kugelschreibers nicht mehr schreiben wollen, tauchen Sie sie doch einen Augenblick in warmes Wasser. Dann funktioniert Sie wieder – vorausgesetzt sie ist nicht bereits leer.

*

Nägel

Legen Sie Nägel eine Weile in Öl. Dann können Sie sie leichter in den gewünschten Gegenstand einschlagen.

Um Schäden an der Tapete beim Herausziehen von Nägeln zu vermeiden, legen Sie am besten ein Stück Holz unter die Zange und ziehen den Nagel über diesen Hebel aus der Wand.

Wackeln Nägel in der Wand, sollten Sie sie herausziehen, mit Watte umwickeln und mit ein wenig Leim bestreichen. Dann wieder in die Wand treiben. Sobald der Leim getrocknet ist, hält der Nagel bombenfest.

*

Schloss gängig machen

Wenn Sie Schwierigkeiten haben, den Schlüssel im Schloss herumzudrehen, so wachsen Sie den Schlüssel einfach mit Paraffin ein.

*

Schrauben

Sie können Schrauben in der Wand vor dem Rosten schützen, indem Sie sie vor dem Einziehen mit Talg einreiben.

Reiben Sie Schrauben aus Eisen vor dem Gebrauch mit einer Mixtur aus Schmieröl und Graphitöl ein, lassen sie sich auch noch nach Jahren wieder leicht aus der Wand herausschrauben.

Kleinste Schrauben sind schwer zu fassen und fallen andauernd aus den Händen. Ein wenig Kleber auf Ihren Fingerspitzen, lässt die Schräubchen daran kleben und erleichtert damit das Hantieren.

*

Schubladen

Schubladen, die schwer zu öffnen sind, können leichtgängiger gemacht werden, wenn Sie einfach die Reibeflächen mit Paraffin einreiben.

Auf dieselbe Weise kann auch das Schließen von Fenstern und Schränken verbessert werden.

Manchmal reicht auch ein
Kerzenstummel zum Schmieren aus.

*

Stempelkissen

Gibt Ihr Stempelkissen nur blasse Abdrücke ab, so müssen Sie es nachts umgekehrt hinlegen. Dann kann sich die Farbe wieder an der Oberfläche sammeln.

*

Tapezieren

Wenn Sie Ihre Wohnung selbst tapezieren, geben Sie etwas Terpentin in den Stärkekleister. So erreichen Sie, dass die Tapete auf jeden Fall gut klebt.

Damit sich Tapeten nicht mehr von feuchten Wänden lösen, sollten Sie vor dem Tapezieren Metallfolie auf die Wände aufbringen. Die hält die Nässe von der

Tapete ab und sie fällt nicht wieder herunter.

Dicke Tapeten sind leichter zu kleben, wenn Sie den Kleister auf die Wand und nicht direkt auf die Tapete aufbringen. Denn so können Sie die Tapete an der Wand noch ein wenig verschieben und Falten sowie Blasen besser herausstreichen.

Schneiden Sie ein Kreuz in die Tapete, bevor Sie einen großen Nagel in die Wand schlagen. So beschädigen Sie die Tapete kaum und können die Stelle leicht wieder kleben, sollten Sie den Nagel wieder herausziehen.

*

Teppich

Immer wieder kann es passieren, dass Teppiche Brandlöcher bekommen. Die sind oft ganz leicht auszubessern. Füllen Sie das Brandloch mit flüssigem Kleber und legen

Sie dann einige abgezupfte Flusen oben auf. Anschließend einige Zeit mit einem schweren Gegenstand beschweren, bis die Flusen fest kleben. Das Brandloch ist nun kaum noch auszumachen und sogar staubsaugergeeignet.

Bestreichen Sie hoch stehende Teppichecken von hinten mit Leim und lassen diesen gut trocknen. Danach die Stelle mit einem schweren Gegenstand auf den Boden drücken und die Teppichecke bleibt stets ordentlich am Boden liegen.

*

Quietschende Treppen

Sollten Ihre Treppen quietschen und knarren, so können Sie mit Kreide oder Talkumpuder Abhilfe schaffen, das Sie einfach über die quietschenden und knarrenden Stellen streuen.

Bei besonders hartnäckigen Fällen sollten Sie die Treppe ganz neu verleimen.

*

Rissige Wände

Risse erst mit Mörtel ausfüllen und anschließend mit Nesselstoff überkleben.

*

Weicher Wasserschlauch

Ist Ihr Wasserschlauch hart geworden, dann bekommen Sie ihn mit einer Lösung aus Wasser und Salmiakgeist wieder geschmeidig. Sie müssen ihn nur eine Weile in einer solchen Mixtur liegen lassen.

Sollte Ihr Wasserschlauch ein Loch haben, trocknen Sie diese Stelle gut ab, rauen Sie sie mit Schmirgelpapier an und verschließen Sie das Loch mit Gummikleber. Dann ist der Schlauch wieder so gut wie neu.

Weichholz sägen

Beim Sägen von Weichholz, wie Kiefern-, Tannen- oder Fichtenholz, sollten Sie das Sägeblatt vorher mit Öl oder einer ungesalzenen Speckschwarte einreiben. Dann reißt das Holz beim Sägen nicht.

*

Werkzeugkasten schützen

Wenn sie ein kleines Stück Holzkohle oder Kreide im Werkzeugkasten aufbewahren, absorbiert dieses Feuchtigkeit und schützt somit vor Rost.

Fliegen klatschen, Flöhe saugen

Die besten Tipps gegen Ungeziefer

Allgemeine Vorsorgemaßnahmen

Lassen Sie nie Essen herumstehen und saugen Sie Krümel sofort auf.

Besondere Sauberkeit ist bei Abfalleimern geboten. Halten sie diese peinlichst sauber, vor allem den Biomüll.

Falls Sie einen Komposthaufen angelegt haben, sollte dieser weit genug vom Haus entfernt sein.

*

Ameisen

Wenn Sie eine Ameisenplage haben, dann stellen Sie gezuckertes, schales Bier in flachen Tellern auf. Die Ameisen verenden darin in Massen.

Andere bewährte Ameisenköder sind Honigwasser, Himbeerwasser, verdünnter Likör und Sirup.

Ein Ameisenvernichtungsmittel können Sie aber auch wie folgt herstellen: Mischen Sie Borax und Puderzucker und stellen Sie die Mischung in erreichbare Nähe der Ameisen auf. Der Borax vernichtet die Brut.

*

Asseln

Asseln können Sie mit Alkohol oder gekochten Kartoffeln, die mit Salatblättern bedeckt werden sollten, anlocken und mühelos entfernen.

*

Bettwanzen

Bei Bettwanzenbefall hilft nur noch eine Behandlung mit Insektiziden.

Schalten Sie hier auf jeden Fall einen Kammerjäger ein.

*

Fliegen

Es gibt verschiedene Möglichkeiten, Fliegen fernzuhalten. Sie meiden aber vor allem den Geruch von Lorbeeröl.

Sie können auch getrocknete Fliederblüten in Ihre Wohnung legen.

Fliegen bleiben ebenfalls fern, wenn Sie eine Christpalme ins Zimmer stellen.

Gemahlener Pfeffer wird mit Sirup zu einem streichbaren Teig vermengt und auf Löschpapier verteilt, bis dieses durchtränkt ist. Angefeuchtet auf Teller gelegt, zieht dieses giftfreie Fliegenpapier Fliegen an.

*

Flöhe

Flöhe befallen vor allen Dingen Wollsachen. Wenn Sie diese in Seifenwasser auswaschen, so vernichten Sie die ungebetenen Gäste.

Wichtig ist, dass Sie das Haus sehr gründlich durchsaugen. Außerdem empfiehlt sich eine Behandlung mit handelsüblichen Raumsprays, die dle Larven vernichten.

*

Holzwürmer

Holzwürmer lassen sich fangen. Legen Sie einfach Eicheln unter die Löcher. Ihr Geruch zieht die Holzwürmer magisch an.

*

Küchenschaben

Küchenschaben findet man häufig in Kellern und Küchen. Um sie zu vertreiben, legen Sie Salzheringe aus. Diesen Geruch mögen Küchenschaben nicht.

Um Küchenschaben zu fangen, stellen Sie eine Schüssel mit gekochten Kartoffeln an eine Wand des Zimmers. Bedecken Sie die Schüssel mit Gras und lassen Sie sie einige

Zeit stehen. Die Schaben werden in die Schüssel krabbeln und Sie können sie dann problemlos beseitigen.

Eine Mischung aus Borax und Puderzucker hilft ebenfalls gut gegen Küchenschabenbefall. Streuen Sie diese Mixtur an gut zugänglichen Stellen aus. Die Schädlinge fressen sie und gehen daran zugrunde.

*

Lebensmittelmotten

Lebensmittelmotten sind besonders hartnäckig. Sie haben eine Vorliebe für Reis, Hülsenfrüchte und Mehl, also alle trockenen Lebensmittel.

Bei Befall müssen Sie alle genannten Lebensmittel wegwerfen, um die gelegten Eier zu vernichten.

Um einen erneuten Befall zu verhindern, sollten Sie trockene Lebensmittel in geschlossenen Behältern aufbewahren und eventuell ein Lorbeerblatt hineinlegen. Das hält die Motten ab.

*

Mäuse

Legen Sie mit Terpentin getränkte Knäuel in die Mauselöcher, sollten Sie Mäuse im Haus haben. Auf diese Weise treiben Sie die Mäuse aus dem Haus. Eine Alternative ist auch der Geruch von Kamille oder Pfefferminz.

Ihre Nahrungsmittel sollten Sie besonders schützen. Am besten alles in verschließbaren Stahl- oder auch Glasbehältern aufbewahren.

*

Milben

Bei Milbenbefall sollten Sie den gesamten Haushalt gründlich saugen und Staub wegwischen, da sich Milben an staubigen Orten am wohlsten fühlen.

Um auch die Larven zu erreichen, ist eine Behandlung mit Raumsprays gegen Milben hilfreich und ratsam.

Wenn Sie Vögel im Haus halten, ist die Gefahr eines Milbenbefalls besonders groß. Deshalb hier höchste Sauberkeit walten lassen.

*

Motten

Um Motten von der Kleidung fernzuhalten, sollten Sie die Schrankinnenseiten mit Terpentinöl bestreichen.

Eine Alternative ist auch Lavendelöl bzw. ein mit Lavendel gefülltes Säckchen, das sich diskret im Kleiderschrank verstecken lässt.

Bestreuen Sie Wollsachen, die Sie längere Zeit nicht tragen werden, mit Pfeffer. Dann wagen sich Motten nicht heran.

Hilfreich ist es bei Wollsachen auch, sie in einem Leinensack verpackt im Schrank zu lagern und zwischen sie getrocknete Orangenschalen zu legen.

*

Mücken

Richten Sie einen hellen Lichtstrahl auf eine Wand, wenn Sie mehrere Mücken im Zimmer haben. Die Blutsauger versammeln sich nach einer Weile dort und können leicht erschlagen werden.

Gegen Mücken hilft aber auch Petroleum: Füllen Sie etwas von dieser Flüssigkeit in eine Schale und halten diese unter die an der

Wand sitzende Mücke.
Sie wird betäubt herabfallen und
ist leicht zu beseitigen.

Kampfer ist ebenfalls ein wirksames Mittel gegen Mücken. Lassen Sie einige Tropfen Kampfer in einer Duftöllampe verdampfen.

*

Ohrwürmer

Mit etwas Holzwolle, über die ein leicht angehobenes Gefäß gestülpt ist, lassen sich Ohrwürmer ganz leicht einsammeln.

*

Ratten

Ratten können Sie mit Petroleum verjagen. Doch sollten Sie mehrere dieser Tiere im Haus haben, ist die Zuhilfenahme eines Kammerjägers unumgänglich.

Pflanzen Sie die Gemeine Hundszunge in Ihren Garten. Der Geruch hält Ratten ab.

Silberfische

Silberfische nur bei starkem Befall bekämpfen, sie sind nämlich relativ harmlos.

Im Handel gibt es Silberfischchenköder.

*

Spinnen

Spinnen sind sehr nützliche Tiere. Sie vernichten Ungeziefer an Gemüse, Obstbäumen und Rosen. Deshalb sollten diese Tierchen eingefangen und in den Garten verbracht werden.

*

Wanzen

Um Wanzen loszuwerden, empfiehlt es sich, Salbei oder Wermut auszulegen.

Auch hier sollte bei einer Plage der Kammerjäger um Hilfe gebeten werden.

Sind Möbel betroffen,
dann behandeln Sie diese mit
Naphtalinlösung.

*

Wespen

Wenn Sie im Zimmer ein paar
Schälchen mit Salmiakgeist aufstellen,
werden Wespen dieses
Zimmer meiden.

Mit Salz ist es Essig

Die besten Tipps fürs Kochen und Backen

Holzbrettchen

Um Zwiebelgeruch von
Holzbrettchen zu vermeiden,
diese nach Gebrauch sofort mit
kaltem Wasser abspülen.

*

Messer

Riecht das Messer nach Zwiebel,
können Sie es öfters durch eine
rohe Mohrrübe ziehen.
Dann vergeht der Geruch.

*

Versalzene Gerichte retten

Sie retten ein versalzenes Gericht,
indem Sie geschälte, rohe Kartoffeln
in die Speise geben.

*

Spritzendes Fett

Um spritzendes Fett zu verhindern,
können Sie etwas Salz hinzugeben.

Frisches Gemüse waschen

Falls Sie einen eigenen Gemüsegarten haben, sollten Sie das frisch geerntete Gemüse in Salzwasser kochen. Damit werden die Insekten und Schädlinge, die beim Waschen übersehen wurden, entfernt.

*

Blumenkohl

Wenn Ihr Blumenkohl schon etwas gelblich ist, dann mischen Sie dem Kochwasser ein wenig Milch bei. Das lässt ihn wieder weiß werden.

Um Blumenkohl beim Kochen weiß zu halten, dem Kochwasser etwas Zucker hinzugeben.

Kochen Sie beim Blumenkohl immer einige grüne Blätter mit, dann schmeckt er herzhafter.

*

Fenchel

Fenchel sollte in Ihrer Küche
nicht fehlen, denn er ist sehr gesund.
Er fördert die Verdauung und
hat viel Vitamin C.

Allerdings muss Fenchel
frisch sein, sonst sind die Vitamine
verkommen.

*

Gurkensalat

Gurkensalat ist besser verträglich,
wenn die geschälte Gurke mit
kochendem Wasser abgebrüht,
mit kaltem Wasser abgeschreckt
und erst dann geschnitten wird.

*

Hülsenfrüchte

Hülsenfrüchte sollten vor dem
Verzehr gut eingeweicht werden,
dann sind sie bekömmlicher.

Sie sollten stets in ungesalzenem Wasser gekocht werden.

Wenn Sie grünen Erbsen ein wenig Zucker ins Kochwasser zugeben, erhalten Sie deren appetitliche Färbung.

*

Kartoffeln

Kartoffeln nur in heißem Wasser aufsetzen. Das verbessert den Geschmack.

Wenn Sie frische Kartoffeln wie Nudeln oder Reis erst ins kochende Wasser geben, werden sie nicht mehlig. Auf diese Weise erhalten Sie schnittfeste Kartoffeln für jede Art von Salaten.

Kartoffeln immer dünn schälen, da die wertvollsten Stoffe direkt unter der Schale sitzen.

*

Alte Kartoffeln

Fügen Sie dem Kochwasser etwas Essig hinzu, dann werden alte Kartoffeln wieder schmackhaft.

Auch das Zugeben von etwas Milch kann hilfreich sein. Die Kartoffeln werden dann nicht dunkel und der Geschmack wird verbessert.

*

Angebrannte Kartoffeln

Wenn Ihnen die Kartoffeln angebrannt sind, dann können Sie sie retten, indem Sie sie noch einmal mit kaltem Wasser aufsetzen und nach dem Aufwallen sofort abgießen.

*

Angefrorene Kartoffeln

Indem Sie Kartoffeln mehrere Stunden in kaltes Wasser legen, können Sie sie retten – sollten sie schon angefroren sein.

Bratkartoffeln

Wenn Sie Bratkartoffeln machen, lassen Sie sie schön goldgelb werden, wenn Sie sie vorher mit etwas Mehl bestreuen.

*

Kartoffelpuffer

Kartoffelpuffer sind leichter verdaulich, wenn man dem Teig etwas Backpulver hinzufügt.

*

Klöße

Damit Klöße nicht fest werden, muss man ihren Teig vor dem Kochen eine Stunde stehen lassen.

Wenn Sie Mehl- und Kartoffelklöße in mit etwas Mehl gebundenem Kochwasser kochen, bröckeln sie nicht.

*

Kohl

Um die Blätter leichter entfernen zu können, sollte man den Kohl unter lauwarmes Wasser halten.

Mit etwas Kümmel gekocht, wird Kohl übrigens bekömmlicher.

*

Möhren

Möhren behalten ihre Farbe, wenn man sie in Salzwasser wäscht und in sprudelndes Salzwasser gibt.

*

Rosenkohl

Damit Rosenkohl nicht grau wird, sollten Sie ihn erst nach dem Kochen salzen.

*

Rotkohl

Waschen Sie Rotkohl in Essigwasser und geben Sie ihn anschließend in kochendes Wasser. Auf diese Weise behält er seine frische, natürliche Farbe.

Rotkohl bekommt einen besonders feinen Geschmack, wenn Sie ihm nach dem Kochen und Abgießen etwas Gänseschmalz hinzufügen.

*

Salate

Salate schmecken einfach besser, wenn man ihnen zerlassene Butter statt Öl zugibt.

Ist der Salat zu stark gewürzt, so kann Sahne oder Crème fraîche die Würze ein wenig herausnehmen.

Damit der Salat auch in der Soße schön frisch bleibt, sollten Sie zuerst Öl hineingeben. Das wirkt wie ein Schutz.

Tomaten

Wollen Sie Tomaten schälen,
so legen Sie sie ganz kurz ins Kühlfach
und halten Sie sie danach unter
warmes Wasser.

*

Zwiebeln

Wenn sich Zwiebeln nur schwer
schälen lassen, dann sollten Sie sie
mit heißem Wasser
übergießen.

Geriebene Zwiebeln
sind besser verdaulich als
geschnittene.

*

Getrocknete Pilze

Durch die Pfeffermühle
gedreht, ergeben getrocknete Pilze
eine hervorragende Würze.

*

Champignons

Behandeln Sie Champignons vor dem Braten mit etwas Zitronensäure. Dann bleiben Sie schön hell.

*

Geflügel

Geflügel sollten Sie in schon sprudelnd kochendes Wasser geben, damit sich die Poren schließen.

Vor allem beim Braten von Gänsen das Geflügelfleisch oft genug einstechen, damit das Fett auslaufen und sich im Bräter sammeln kann.

Das gesammelte Fett kann zu hervorragendem Schmalz verarbeitet werden, das sich besonders als Aufstrich zunehmender Beliebtheit erfreut.

*

Ente

Wenn Ihre Ente tranig schmecken sollte, können Sie sich helfen, indem Sie sie mit Karotten füllen. Diese binden den unangenehmen Geschmack an sich und kommen hinterher in den Biomüll.

*

Hähnchenbrustfleisch

Damit Ihr Hähnchenbrustfleisch schön saftig bleibt, können Sie es vor dem Braten mit etwas Mehl bestäuben.

*

Gebratenes Huhn

Bestreichen Sie ein Hühnchen vor dem Braten mit süßer Sahne, erhalten Sie leckeres, schön knusprig-braunes Geflügelfleisch.

*

Rohes Fleisch

Legen Sie rohes Fleisch auf einen Holzteller. Auf diese Weise nimmt es nicht so leicht fremde Gerüche an.

*

Fleisch waschen

Benutzen Sie zum Waschen von Fleisch ausschließlich warmes Wasser. Kaltes Wasser entzieht dem Fleisch wichtige Nährstoffe.

*

Hart gewordenes Fleisch

Übergießen Sie hart gewordenes Fleisch mit Cognac. Dann wird es zart.

*

Braten

Bestreichen Sie Ihren Braten zwei Stunden vor dem Braten rundum mit Öl oder

zerlassener Butter. Dann ohne
Salz und Pfeffer in die Pfanne geben
und das Fleisch sofort umwenden,
sobald die Oberfläche angebräunt ist.
Braten Sie langsam fertig und würzen
erst kurz vor dem Garwerden.
So bleibt das Fleisch schön zart.

*

Angebrannter Braten

Ist Ihr Braten angebrannt,
wird er wieder tadellos, wenn Sie
das Fleisch samt der Soße nach
Abschneiden der angeschwärzten
Stellen in einen frischen Topf geben,
eine Prise Natron beifügen und
ihn zu Ende braten.

*

Gebratenes Fleisch

Lassen Sie Fleisch nach dem Braten
noch eine Zeit lang in der Bratensoße liegen.
Dann bleibt es saftiger.

Bratensoße

Geben Sie der Bratensoße eine Prise Zucker hinzu, erhält sie einen besonders dunklen Farbton.

*

Hase

Hase wird schmackhafter, wenn Sie ihn eine Weile in Buttermilch liegen lassen.

*

Lammfleisch

Legen Sie Ihr Fleisch doch einmal mehrere Tage in Buttermilch. Sie werden verblüfft sein. Es wird wie Wildfleisch schmecken.

*

Zäher Schinken

Legen Sie zäh gewordenen Schinken für kurze Zeit in heißes Wasser. So wird er wieder saftig.

Schweinebraten

Wenn Ihr Schweinebraten einen besonders feinen Geschmack haben soll, dann fügen Sie einige Wacholderbeeren hinzu.

*

Leber

Damit Leber besonders zart wird, sollte man die Stücke vor dem Braten etwa eine Stunde in Milch legen, dann in Mehl wenden und schließlich in wenig Fett anbraten. Erst nach dem Braten salzen.

Leber und Niere immer erst nach dem Kochen salzen, dann bleibt das Fleisch schön saftig.

*

Rinderzunge

Rinderzunge sollte nur bei niedriger Stufe kochen, sonst wird sie schnell zäh.

Frischer Fisch?

Ob der Fisch noch frisch ist, können Sie leicht feststellen. Legen Sie Ihn einfach in einen Topf mit Wasser. Sinkt er auf den Boden, kann er gekocht werden. Steigt er empor, so ist er schlecht.

Eine andere Methode des Frischetests ist die: Wenn Sie mit dem Finger auf das Fischfleisch drücken und der Fingerabdruck zurückbleibt, ist der Fisch alt. Bei frischem Fisch schwindet die Druckstelle sofort wieder.

*

Eier

Damit Eier beim Kochen nicht platzen, sollte man Salz in das Kochwasser tun oder ein kleines Loch mit einem Eierstecher oder einer Nadel in das Ei spicken.

Um festzustellen, ob ein Ei noch frisch ist, gibt es den altbewährten Trick, das Ei in ein

Glas mit Wasser zu legen. Bleibt es am Boden waagerecht liegen, ist es frisch.

Beschädigte Eier kann man kochen. Dafür müssen Sie das Ei aber an den geplatzten Stellen mit Zitronensäure beträufeln.

Falls ein Ei an der Schachtel festklebt, können Sie versuchen, es zu lösen, indem Sie die Schachtel mit Wasser benetzen.

*

Rührei verfeinern

Vermischen Sie die Eier mit etwas Milch, das gibt einen feinen Geschmack und lässt das Rührei nicht so trocken werden.

*

Eischnee

Wenn Sie Eiweiß schlagen, nehmen Sie eine kleine Prise Salz dazu. Dann wird der Eischnee steifer und gerinnt nicht.

Nudeln

Um das Verkleben von Nudeln zu vermeiden, sollten Sie diese Teigwaren generell mit gesalzenem Wasser kochen, dem etwas Öl zugefügt wurde.

Auch ein wenig Essig kann hilfreich sein, damit die Teigwaren nicht kleben.

*

Reis

Fügen Sie dem Kochwasser einen Schuss Zitronensäure bei. Auf diese Weise wird der Reis strahlend weiß.

*

Cayennepfeffer

Mit Cayennepfeffer sollten Sie Ihre Speisen erst nach dem Garen würzen, er wird sonst bitter.

*

Paprika

Paprika sollten Sie nie scharf anbraten, da das Gewürz sonst bitter wird.

*

Petersilie

Am leichtesten zerkleinern Sie Petersilie, wenn Sie sie vorher in heißes Wasser tauchen und mit lauwarmem Wasser waschen.

*

Käse

Wenn Sie Ihren hart gewordenen Käse einige Zeit in Frischmilch legen, wird er wieder schmackhaft.

Doch hart gewordener Käse lässt sich auch gut als Reibekäse verwenden.

Wickeln Sie Ihren Käse in ein Tuch aus Leinen, das zuvor in Salzwasser getaucht wurde. So schützen Sie ihn vor dem Austrocknen.

*

Fruchtsalat

Damit der Fruchtsalat frisch bleibt und die Bananen und Äpfel nicht braun werden, geben Sie etwas Zitronensaft hinzu.

Übrigens hilft gegen die Braunfärbung schon eine Orange, die sofort mit den Äpfeln und den Bananen vermischt werden sollte.

*

Zitronen

Zitronen geben um ein Vielfaches an Saft ab, wenn man sie vor dem Auspressen in warmes Wasser legt.

*

Honig

Honig ist ein Naturprodukt und neigt zu Kristallisierung. Dies ist kein Grund, den Honig wegzuwerfen, im Gegenteil: Stellen Sie das Glas in ein warmes Wasserbad und der Honig wird wieder schön flüssig.

*

Maßeinheiten für Mehl

Ein gehäufter Esslöffel entspricht 20 Gramm Mehl, ein gestrichener Esslöffel hingegen 15 Gramm.

*

Kuchenteig

Kuchenteig wird immer locker, wenn man statt normaler Milch Dickmilch oder auch Sauermilch nimmt.

*

Streusel

Benutzen Sie statt Butter Margarine oder Öl – Ihre Streusel werden dann wunderbar weich.

Den Teig vor Aufbringen der Streusel mit Wasser bestreichen, damit die Streusel besser haften.

*

Käsekuchen

Der Käsekuchen wird richtig schön goldgelb, wenn Sie ihn kurz vor dem Herausnehmen aus dem Ofen mit Milch bestreichen, die mit ein wenig Zucker vermischt wurde.

*

Hefekuchen

Um die Frische von Hefe zu prüfen, sollten Sie ein wenig davon in ein Glas heißes Wasser geben. Steigt sie hoch, ist ihre Triebkraft noch gut.

Um den guten Geschmack Ihres
Hefekuchens sicherzustellen, sollten Sie
ihn nicht auf dem Blech auskühlen lassen.
So wird er nämlich zu weich.

Ihr Hefegebäck wird besonders
locker und feinporig, wenn man
die Hefe mit Buttermilch anrührt.

*

Mohnkuchen

Wenn Sie dem Teig etwas
geriebenen Zwieback untermengen,
bleibt der fertige Kuchen
länger saftig.

*

Mandeln

Mandeln verteilen sich gut im
Kuchenteig und sinken nicht zu Boden,
wenn Sie sie mit etwas Mehl verrühren
und erst zu allerletzt in den Teig geben.

Wenn Sie beim Hacken von Mandeln etwas Zucker unterstreuen, dann springen diese nicht davon.

*

Rosinen

Verrühren Sie Rosinen mit etwas Mehl und geben Sie sie erst ganz zum Schluss in den Kuchenteig. Dann sinken sie nicht zu Boden, sondern verteilen sich gut im Teig.

*

Sahne

Sahne lässt sich besser steif schlagen, wenn man etwas rohes Eiweiß hinzusetzt.

*

Plätzchenteig

Wenn Sie gefettetes Pergamentpapier zwischen Kuchenrolle und Teig legen, so lässt sich dieser besser ausrollen.

*

Backbleche

Backbleche und Kuchenformen sollten Sie nicht zu stark fetten, da das Gebäck sonst von unten her zu schnell bräunt.

*

Gemehlte Kuchenform

Wenn Sie Ihre Kuchenform mehlen, lässt sich der Kuchen nach dem Backen viel leichter aus der Form lösen.

*

Fest geklebter Kuchen

Sitzt der Kuchen fest, so sollten Sie das Backblech oder die Form mit einem nassen Tuch kurze Zeit abkühlen. Nach dieser Prozedur lässt sich der Kuchen wieder gut herauslösen!

Kaffee

Bohnenkaffee schmeckt
besonders lecker,
wenn Sie ihm
etwas Kakao beifügen.

Kaffee sollte immer gut
gemahlen sein, das verbessert
sein Aroma.

Achten Sie darauf,
dass das Wasser,
mit dem Sie Ihren Kaffee
brühen, möglichst wenig Kalk
enthält. So schmeckt er
besser.

✳

Milch

Damit Milch nicht anbrennt,
sollten Sie den Kochtopf zuvor
mit kaltem Wasser
ausspülen.

Tee

Tee wird schmackhafter, wenn Sie die Blätter für zehn Minuten auf einem Pergamentpapierbogen vor dem Aufbrühen in die warme Ofenröhre legen.

Ergiebiger wird er, wenn man ihn in einer Teemühle (ähnlich einer Kaffeemühle) mahlt.

Weißer Sand statt blaues Meer

Die besten Tipps
für die Lagerung von Lebensmitteln

Trockene Lebensmittel

Trockene Lebensmittel sollten Sie in einem gut verschließbaren Gefäß aufbewahren. Hier bleibt einerseits der Geschmack gut erhalten und andererseits werden die Lebensmittel vor Mottenbefall geschützt.

*

Metalllöffel

Metallöffel schaden dem Geschmack von Lebensmitteln. Deshalb niemals solcher Art Löffel in Speisen stecken lassen, die Sie aufbewahren.

*

Brot

Angeschnittenes Brot können Sie mit einem feuchten Pergamentpapier abdecken. Das hält es frisch und saftig.

Brot lässt sich gut in einem Römertopf oder auch einem Brotkasten aufbewahren. Wenn Sie die Schnittfläche mit Plastikfolie einpacken, bleibt das Brot lange frisch.

Am längsten halten sich Vollkorn- sowie Roggenbrote.

Weizenmischbrote sollten schnell gegessen werden, sie eignen sich nicht zur Lagerung.

*

Wurst

Getrocknete Würste sollte man hängend und kühl aufbewahren.

Es empfiehlt sich, die Würste ab und zu mit etwas Fett einzureiben, damit sie ihren Geschmack nicht verlieren.

Frische Wurst sollten Sie luftdicht verpackt im Kühlschrank aufbewahren.

*

Schinken

Angeschnittener Schinken bleibt tadellos frisch, wenn Sie ihn an der Schnittfläche mit rohem Eiweiß einstreichen.

*

Käse

Käse sollte, in Folie verpackt, im Kühlschrank aufgehoben werden.

Besonders gut zum Lagern eignet sich auch eine Käseglocke.

Hartkäse am besten in einem Steintopf mit Salz aufheben. Dann bleibt er trocken.

*

Butter

Auch über längere Zeit hinweg lässt sich Butter auf folgende Weise frisch halten: Salzwasser zum Kochen bringen, abkühlen lassen und anschließend die Butter vollständig in das Salzwasser hineinlegen.

*

Kuchen und Kleingebäck

Teigwaren sollten Sie in eine Blechdose füllen und einen frischen Apfel dazu legen, dann bleibt alles lange frisch.

*

Obst

Obst muss grundsätzlich kühl und trocken gelagert werden. Nicht in Räumen, in denen sich auch Kartoffeln, Gemüse oder gärende Getränke befinden. Sie sollten den Raum unbedingt gut lüften.

Bei stärkerem Frost können Sie Obst auf Stroh legen, sollten es aber nicht mit Stroh bedecken.

*

Äpfel

Zum Überwintern legt man Äpfel in den Keller auf Holzstellagen mit Rand. Die Stiele sollten nach oben zeigen und das Obst so viel Abstand haben, dass sich die einzelnen Früchte nicht berühren.

Als natürliches Konservierungsmittel können Sie Holunderblüten zwischen die einzelnen Früchte legen.

*

Avocados

Harte Avocados wickeln Sie am besten in Zeitungspapier ein. Sie können so nachreifen und schmecken besonders gut.

*

Birnen

Lagern Sie Birnen ebenso wie Äpfel. Dann können Sie diese Köstlichkeiten auch noch im Winter genießen.

Pflaumen

Pflaumen halten sich monatelang in einer luftigen Bodenkammer lose auf Bretter geschüttet.

*

Weintrauben

Diese Früchte können Sie bis Weihnachten oder gar länger aufbewahren. Versiegeln Sie dazu die Stielenden und hängen Sie die Trauben an einer trockenen und luftigen Stelle auf.

*

Zitronen

Zitronen sollten Sie einzeln in feines Papier wickeln und sie in trockenen Sand legen. Achten Sie darauf, dass keine Frucht die andere berührt.

Eine angeschnittene Frucht können Sie bis zu 14 Tagen lagern, wenn Sie sie mit der

Schnittfläche nach unten in eine mit Zucker ausgestreute Tasse legen. Kühl und trocken aufbewahren.

Legen Sie Zitronen auf einen Teller und stellen Sie ein Glas darüber. Auf diese Weise halten sie länger.

*

Getrocknetes Obst

Getrocknetes Obst am besten in einem gut verschließbaren Gefäß aufbewahren. Geben Sie eine Zitronenschale dazu, dann hält es sich länger.

*

Walnüsse

Reife, aber getrocknete Walnüsse werden auf dicke Lagen weißen Sand in einen Steintopf gepackt und mit Sand bedeckt. Den Steintopf am besten im Keller aufbewahren.

Falls die Walnüsse noch nicht trocken sind, sollte man sie an einer luftigen Stelle aufhängen. Wenn Sie wie getrocknete Walnüsse gelagert werden, fangen sie schnell an zu schimmeln.

*

Gemüse

Gemüse sollten Sie immer kühl und luftig lagern.

Besonders geeignet ist das Gemüsefach im Kühlschrank, aber auch die Speisekammer, soweit sie kühl ist.

Verpacken Sie Ihr Gemüse nicht in Plastikfolie, es wird sonst schnell schlecht.

Knoblauch und Zwiebeln können Sie in Körben aufbewahren.

*

Hülsenfrüchte

Bestreuen Sie Hülsenfrüchte von Zeit zu Zeit mit ein wenig Salz und sorgen Sie für eine gleichmäßige Verteilung des Salzes. So schützen Sie sie vor Wurmbefall.

*

Kartoffeln

Kartoffeln können Sie in einem Karton aufbewahren, wobei Sie die oberste Schicht mit einem Tuch abdecken sollten.

Sortieren Sie öfters schlecht gewordene Kartoffeln aus, damit die restlichen nicht auch noch verderben.

*

Kohl

Alle Kohlkopfarten halten sich länger, wenn man zunächst ihre beschädigten Außenblätter entfernt und sie anschließend mit der frischen Schnittfläche in eine dicke Lage weißen Sand im luftigen Keller einsetzt.

*

Spargel

Geschälten Spargel halten Sie frisch, wenn Sie ihn in ein mit Essig- oder Salzwasser getränktes Tuch einwickeln.

*

Tomaten

Tomaten sollten Sie über den Winter auf Backbrettern in einer Bodenkammer aufbewahren.

Unreife Tomaten reißen Sie am besten im Herbst mit den ganzen Stauden aus und binden sie mit den Wurzeln zusammen. Dann hängen Sie sie in Zugluft. Dort reifen die Früchte nach.

*

Eier

Bewahren Sie Ihre Eier am besten im Kühlschrank auf, dort halten sie am längsten.

In einem Wasserglas eingelegt, halten Eier auch sehr lange.

Wenn Sie die Eier kurz in kochendes Wasser tauchen, dann wird die Schalenhaut luftdicht.

Ist Eigelb übrig geblieben, dann sollten Sie es in eine Tasse geben und kaltes Wasser darüber gießen. So hält es sich länger.

*

Fisch

Fisch sollte immer im Kühlschrank aufbewahrt werden.

Wickeln Sie Ihren Fisch in Alufolie ein, dann riecht es im Kühlschrank nicht nach Fisch.

Auf Eis und in Klarsicht- oder Alufolie verpackt, hält sich Fisch am besten.

*

Fleisch

Geben Sie gut vorgekühltes Frischfleisch in lauwarm erhitztes Butterschmalz. Nehmen Sie es wieder heraus und lassen es im Kühlschrank abkühlen. Das Schmalz wird hart und bildet eine luftdichte Hülle um das Fleisch. Dadurch verdirbt dieses nicht so schnell.

Fleisch bleibt ebenfalls frisch, wenn Sie es in einen Topf legen, unter dem eine mit Essig gefüllte Schale steht. Das Fleisch sollte mit dem Essig an sich aber nicht in Berührung kommen.

Reiben Sie rohes Fleisch mit Essig ein. Dadurch hält es länger und wird zugleich zart.

Die Frische erhält man auch,
wenn man Fleisch einige Sekunden lang
in kochendes Wasser legt.

*

Gehacktes

Mengen Sie Salz unter Gehacktes.
Dann bleibt es länger frisch.

*

Gewürze

Kaufen Sie Ihre Gewürze am besten
unzerkleinert. In dieser Form ist ihr Aroma
auf natürliche Weise geschützt.

Bei gemahlenen Gewürzen
sollten Sie darauf achten, sie kühl
und trocken zu lagern. Sie fangen
sonst an zu klumpen.

Verbrauchen Sie gemahlene
Gewürze sehr schnell,
sie verderben sonst.

Salz

Damit das Salz im Salzstreuer nicht feucht und klumpig wird, geben Sie einfach ein paar Reiskörner hinzu.

*

Senf

Einige Körner Salz in Senf gegeben, verhindern das Eintrocknen des Senfs.

*

Kräuter

Kräuter sind licht- und luftempfindlich. Deshalb sollten sie trocken und dunkel gelagert werden.

Alternativ können Sie die Kräuter zerkleinern und in Eiswürfelformen einfrieren. Dann sind sie schön frisch beim Auftauen.

*

Petersilie

Stellen Sie frische Petersilie in ein Glas Wasser, stülpen einen Plastikbeutel über das Glas und die Petersilie bleibt im Kühlschrank mehrere Tage lang frisch.

*

Speiseöl

Ist Ihr Speiseöl trübe und dickflüssig geworden, so geben Sie ihm etwas Salz hinzu. Dann wird es wieder klar.

Speiseöl ist lichtempfindlich. Lagern Sie es deshalb stets an einem dunklen Ort.

*

Kaffee

Lagern Sie Kaffee immer in einer luftdicht verschließbaren Dose. So wahren Sie das Aroma.

Angebrochene Kaffeeverpackungen am besten in den Kühlschrank stellen. So hält sich das Aroma am längsten.

Gut geschützt ist das Aroma natürlich in der Bohne. Wenn Sie die Möglichkeit haben, sollten Sie den Kaffee immer erst kurz vor dem Trinken mahlen. So schmeckt Kaffee am aromatischsten.

*

Tee

Bei Tee erhalten Sie ein besonderes Aroma, wenn Sie eine Vanillestange in die Teedose legen.

*

Konservendosen

Konserven sollten kühl und trocken gelagert werden. Dann halten sie sich mehrere Jahre.

Achten Sie darauf, dass die Konserven vor Frost geschützt sind.

Beim Kauf von Dosen sollten Sie die Finger von solchen lassen, deren Form sich stark wölbt. Diese Nahrung ist nicht mehr genießbar.

Haben Sie eine Dose angebrochen, so schütten Sie den Inhalt in eine Schüssel um. Sonst lösen sich schädliche Inhaltsstoffe aus der Konservendose und wandern in die konservierten Speisen.

*

Richtig einkaufen

Im Sommer sollten Sie nur in kleinen Mengen einkaufen, damit die Produkte frisch bleiben.

Lieber ein statt aus

Die besten Tipps fürs Einmachen

Einkochen

Machen Sie sich das Einkochen leichter: Mischen Sie saures und süßes Obst zusammen, so sparen Sie Zucker.

Fügen Sie ein wenig Butter hinzu, dann kocht Obst nicht über.

*

Hoher Pektingehalt

Pektin ist ein natürlicher Quellstoff, der zusammen mit Fruchtsäuren und Zucker das Gelieren von Marmeladen und Gelees bewirkt. Je mehr Pektin im Obst enthalten ist, desto weniger Geliermittel benötigen Sie zum Einmachen.

Obst mit besonders hohem Pektingehalt sind Johannisbeeren, Stachelbeeren, Preiselbeeren, Quitten, Zierquitten, Äpfel und Pomelos.

*

Pfund-auf-Pfund-Methode

Sie sollten Zucker und Früchte im gleichen Verhältnis miteinander mischen und alles so lange kochen, bis die Marmelade fest ist.

*

Gelierzucker

Benutzen Sie zum Einmachen am besten Gelierzucker. Sie können dann kleinste Mengen einkochen. Angenehm ist auch die kurze Kochzeit.

*

Geliermittel

Wenn Ihre Marmelade besonders fruchtig und ergiebig sein soll, so benutzen Sie am besten Geliermittel.

Wichtig ist, dass Sie die auf der Verpackung angegebenen Mengenangaben genau beachten.

Frisches Obst

Falls Sie einen Garten besitzen, jedoch nicht früh genug zum Einmachen kommen, frieren Sie die Früchte vor dem Einkochen ein. Denn auch tiefgekühlte Früchte eignen sich zum Einkochen.

Möchten Sie Johannisbeeren einfrieren und erst später einmachen, sollten Sie die Früchte vor dem Gefrieren unbedingt entstielen.

*

Äpfel

Legen Sie die Apfelstücke vor der Verarbeitung in Wasser mit Zitronensaft-Zusatz.

Möchten Sie Apfelmus selbst herstellen, verwenden Sie am besten hellfleischige Apfelsorten.

Wählen Sie für Apfelgelee unreife oder knapp reife Äpfel, denn diese geben den meisten Saft und enthalten reichlich Pektine.

Entsaften Sie die Äpfel am besten mit dem Dampfentsafter und nicht mit einem elektrischen Entsafter. Damit wird der Saft nämlich sehr trübe und geliert schlecht.

Geben Sie während des Einkochens einen Schuss Zitronensaft zu den Äpfeln. So bleiben diese schön weiß und Sie sparen die Hälfte an Zucker.

*

Birnen

Birnen enthalten keine Pektine. Deshalb müssen Sie beim Einmachen dieser Früchte reichlich Geliermittel verwenden. Sonst wird beispielsweise Marmelade nicht fest.

Birnen enthalten zudem nur wenig Säure und können so leicht fad schmecken.

Mit etwas Säure aus
Orangensaft und Nelken schaffen
Sie hier Abhilfe.

*

Grapefruits

Verwenden Sie für die Herstellung von Grapefruit-Konfitüre möglichst die rosafleischigen Sorten. Dadurch bekommt die Marmelade eine besonders schöne Rotfärbung.

Sehr lecker ist auch Grapefruit-Gelee, bei dem Sie – sofern Sie ungespritzte Früchte zur Verfügung haben – auch die in Streifen geschnittene Schale mitverwenden können. Da diese nach oben steigt, sobald der Gelee fest wird, sollten Sie das Einmachglas auf den Kopf stellen, wenn der Erstarrungsprozess einsetzt. Dann verteilen sich die Schalen wieder gleichmäßig im Gelee.

*

Kirschen

Vor dem Einkochen ist das
gründliche Waschen von Kirschen wichtig.
Danach noch entstielen.

Bei Süßkirschen eignen sich
die frühen Sorten am besten
zum Einkochen.

*

Pfirsiche

Pfirsiche enthalten viel Saft,
doch so gut wie keine Pektine.

Mischen Sie entweder die Pfirsiche
mit Johannisbeeren oder benutzen
Sie genügend Gelierzucker zum
Einkochen.

Die Hälfte Zucker ersparen Sie sich,
wenn Sie zu eingekochten Pfirsichen
etwas Zitronensaft hinzufügen.

*

Pflaumen

Bevorzugen Sie beim Einmachen von Pflaumen die großen Sorten.

Damit sich Pflaumen besser enthäuten lassen, sollte man sie vorher in heißes Wasser tauchen.

*

Rhabarber-Gelee

Verfeinern Sie Ihren Gelee doch nach dem Kochen mit ein bis zwei Esslöffel Likör.

*

Stachelbeermarmelade

Reife Stachelbeeren enthalten genügend Pektin, deshalb können Sie diese Marmelade mit einfachem Zucker kochen.

*

Zu flüssige Marmelade

Wenn die Marmelade noch zu flüssig ist, dann sollten Sie sie erneut kochen, sofern Sie keine Gelierhilfe benutzt haben.

Flüssige Marmelade, die mit Gelierzucker zubereitet wurde, können Sie in kleinen Portionen wieder erhitzen und unter Rühren nochmals kochen lassen.

Schwer gelierende Marmeladen und Gelees aus pektinarmen Früchten nicht mit luftdichten Twist-Off-Deckeln verschließen, sondern mit Einmachhaut. Dann kann noch Feuchtigkeit verdunsten und die Marmeladen oder Gelees werden fester.

*

Zu feste Marmelade

Füllen Sie in diesem Fall die Marmelade in Gläser mit Twist-Off-Deckeln und stellen Sie sie in warme Vorratsräume.

Sie können zu fest gewordene Marmelade mit etwas abgekochtem, aber heißem Wasser verrühren. Schnaps oder Rum eignet sich ebenfalls hervorragend.

*

Schimmelige Marmelade

Ist die Marmelade noch stichfest, können Sie die mit Schimmel überzogene Schicht abtragen. Verbrauchen Sie die Marmelade jetzt aber schnell.

Eingemachte Früchte verschimmeln nicht, wenn man sie erkalten lässt und vor dem Verschließen im Glas mit wenig Weinbrand oder Branntwein übergießt.

Legen Sie über die fertige Marmelade ein Stück Plastikfolie. Das schützt ebenfalls vor Schimmelbefall.

Eigelb in die Haare, Brezeln in den Ofen

Die besten Tipps
für die Verwertung von Küchenresten

Speisereste im Sommer

Damit Speisereste im Sommer frisch bleiben, geben Sie einfach eine Messerspitze Natron hinzu.

*

Backfett

Benutztes Backfett lässt sich öfters wieder verwenden. Enthält das Fett aber zu viel Speisereste, so erwärmen Sie es kurz und schütten es in eine Schale mit kaltem Wasser. Dann sinken die Speisereste auf den Boden der Schüssel und das Fett schwimmt oben. Lassen Sie das Fett erkalten. Danach können Sie es abschöpfen und erneut verwenden.

*

Gänsefett

Gänsefett auf keinen Fall wegschütten! Daraus kann man leckeres Gänseschmalz

zubereiten, das als Brotaufstrich
gern gegessen wird.

Gänseschmalz verfeinert auch den
Geschmack von Rotkohl.

*

Gemüse

Auch Gemüsereste lassen
sich in einer Suppe schmackhaft
wiederverwenden.

Ihre besondere Note erhält eine
solche Gemüsesuppe durch die Zugabe
von ein wenig Wein.

*

Kartoffeln

Übrig gebliebene Pellkartoffeln
kann man später als Bratkartoffeln
zubereiten. Zusammen mit Ei
und Speck schmecken sie
besonders gut.

Vor allem fest kochende Pellkartoffeln lassen sich auch wunderbar zu Kartoffelsalat verarbeiten.

Auch über eine Kartoffelsuppe aus Pellkartoffeln vom Vortag wird sich Ihre Familie sicher freuen.

*

Knödel

Knödelreste lassen sich gut anbraten. Speck- oder Semmelknödel mit Ei und Schnittlauch verfeinern, über Hefeklöße einfach Zucker streuen.

*

Nudeln

Wenn Sie einmal Nudeln übrig haben sollten, dann können Sie einen herrlichen Spaghettisalat daraus anrichten.

*

Reis

Füllen Sie Paprika mit Reisresten oder bereiten Sie aus übrig gebliebenem Reis eine feine Reissuppe zu.

Wenn etwas gekochter Reis übrig bleibt, dann machen Sie doch daraus einen feinen Salat.

*

Pfannkuchen

Reste von Pfannkuchen können Sie in Streifen schneiden und in eine herzhafte Fleischbrühe geben. Mit etwas Schnittlauch bestreut servieren.

*

Suppenfleisch

Übrig gebliebenes Suppenfleisch mit Essig und Öl sowie Zwiebeln sauer anmachen. Das schmeckt hervorragend.

Fisch

Ist Fisch übrig geblieben, können Sie daraus gut einen Fischsalat machen.

Doch ist hier Vorsicht geboten, da Fisch schnell schlecht wird und giftige Stoffe entwickelt. Also immer zuerst prüfen, ob der Fisch wirklich noch gut ist.

*

Eier

Geben Sie ein übrig gebliebenes Eigelb in eine Tasse und übergießen Sie es mit kaltem Wasser. In diesem Zustand hält es sich tagelang frisch.

Auch übrig gebliebenes Eiweiß kann leicht weiter verwendet werden. Es eignet sich für Eiweißglasur, Fruchtschaum, zum Binden von Fleisch und Knödeln.

Verarbeiten Sie hart gekochte Eier vom Vortag doch zu leckeren Senfeiern:

Die Eier teilen, das Eigelb herausnehmen und mit Senf und frischen Kräutern vermischen. Diese Masse in die Eierhälften füllen und servieren.

Sehr gut schmeckt ebenfalls ein Salat aus hart gekochten Eiern.

Übrig gebliebenes Eigelb können Sie als Haarpflege benutzen. Einfach die Haare mit Eigelb waschen und einen Augenblick einwirken lassen.

*

Vanillepudding

Ist etwas Vanillepudding übrig, so können Sie diesen erneut zu einem schmackhaften Dessert machen: Vermischen Sie einfach Joghurt mit dem Pudding und verfeinern das Ganze mit Eierlikör.

*

Käse

Hart gewordenen Käse müssen Sie nicht wegwerfen. Er eignet sich hervorragend als Reibekäse.

Es kann schon passieren, dass man beim Käsefondue zu viel Käse geschmolzen hat. Diese schmackhafte Käsemasse können Sie aber sehr gut zu Spaghetti essen. Mit etwas Milch verlängert, schmeckt sie wirklich gut.

Aus Käseresten lässt sich eine schmackhafte Sauce zubereiten. In Milch geschmolzen und mit etwas Crème fraîche verfeinert, schmeckt sie vorzüglich.

*

Brot

Lassen Sie altes Brot hart werden und zerbröseln Sie es. Geröstet können Sie es als Croutons im Salat benutzen.

Auch alte Brötchen lassen sich wunderbar wieder verwenden. Lassen Sie sie hart werden und zerbröseln Sie sie. Sie haben so immer Semmelbrösel im Haus.

Kochen Sie Brotreste in Fertigbrühe, streichen Sie es durch ein Sieb und reichen Sie die Brühe samt gerösteter Zwiebeln als Suppe.

*

Marmelade

Wenn Sie ältere Marmelade im Haus haben, verwenden Sie diese doch zur Verfeinerung von Naturjoghurt.

*

Kleingebäck

Sind Kekse hart geworden, legen Sie sie eine kurzen Augenblick in Milch und backen Sie sie anschließend im Backofen

auf. Sie werden sich wundern,
wie knackig Ihr Gebäck geworden ist.

*

Biskuitteig

Klein zerbröselt eignet sich altbackener Biskuitteig ganz ausgezeichnet zum Auskleiden von Backformen.

*

Salzstangen

Haben auf Ihrer Party einige Salzstangen und Brezeln keine Abnehmer gefunden? Zerkleinern Sie diese Reste am besten mit einem Nudelholz. Auf diese Weise erhalten Sie würziges Paniermehl zu einem günstigen Preis.

Sind Salzstangen und Brezeln trocken und weich geworden, wärmen Sie sie im Backofen auf. Dann haben die Knabbereien wieder den nötigen Biss.

Apfelschalen

Wenn Sie Apfelschalen trocknen, lässt sich aus ihnen ein sehr schmackhafter Tee kochen.

✳

Apfelsinenschalen

Entfernen Sie das Weiße von ungespritzten Apfelsinenschalen und raspeln Sie die Schalen. Dann trocknen Sie sie im Backofen und bewahren Sie die Streifen in einem luftdicht zu verschließenden Gefäß auf. Getrocknete Apfelsinenschalen sind eine feine Würze beim Kochen und Backen.

✳

Bananen

Zaubern Sie aus schon sehr reifen oder überreifen Bananen einen leckeren Milchshake: Pürieren Sie die Bananen mit einem Mixer oder einer Gabel und geben Sie Milch und etwas Zitronensaft dazu. Lecker ist es auch, überreife Bananen in heißem Fett auszubacken und anschließend mit Honig zu begießen.

Verrühren Sie überreife Bananen zu einem Mus, fügen Sie Milch und einen Spritzer Zitronensaft dazu. Sie erhalten so einen ausgezeichneten Nachtisch.

Mit Kampferöl und Schmalz

Die besten Tipps für die Gesundheit

Erkältungen

Um einer Erkältung vorzubeugen, haben sich tägliche Wechselduschen, genügend Bewegung und viel Obst und Gemüse auf dem Speisezettel bewährt.

Spüren Sie, dass eine Erkältung im Anzug ist, mischen Sie Honig in heißen Tee und trinken Sie morgens und abends eine Tasse. Honig stärkt und steigert die körpereigenen Abwehrkräfte.

Wenn bei Ihnen Husten und Schnupfen zusammen auftreten, dann ist völlige Nahrungsenthaltung von bester Wirkung. Dies gilt natürlich nur über einen geringen Zeitraum.

Gut gegen eine Erkältung ist Schwitzen. Trinken Sie deshalb heiße Milch mit Selterswasser. Das ist ein überaus schweißtreibendes Getränk.

Sind Sie während einer Erkältung stark verschleimt, dann ziehen Sie abwechselnd eine Zwiebel und eine Knoblauchzehe auf eine Schnur und tragen Sie diese um den Hals. Das wirkt schleimlösend.

*

Husten

Süßen Sie Fencheltee mit Honig und trinken Sie so viel Tee wie möglich, das lindert Husten.

Höhlen Sie eine Zwiebel aus, schütten Sie Zucker hinein und lassen Sie Saft ziehen. Von diesem Hustensaft nehmen Sie stündlich einen Teelöffel. Bei Bedarf können Sie Zucker nachfüllen.

Gegen Husten hilft auch, über Nacht einen mit Schmalz bestrichenen Lappen auf die Brust zu legen.

Überbrühen Sie frische Brennnesseln mit kochendem Wasser und trinken Sie von diesem Tee täglich drei Tassen.

*

Heiserkeit

Wenn Sie unter Heiserkeit leiden, sollten Sie Brombeersaft trinken. Der beruhigt den Hals.

*

Fieber

Gegen Fieber und fiebrige Erkältungen hilft Brombeersaft.

Hilfreich ist auch ein kühler Wadenwickel mit verdünntem Essigwasser.

Tauchen Sie Socken in kühles Essigwasser und ziehen Sie sie anschließend an.

Tragen Sie über Nacht eine Kette aus Rettichscheiben. Das hilft, das Fieber zu senken.

Behandeln Sie Fieber nicht vorschnell. Denn durch Fieber werden die körpereigenen Abwehrkräfte zu schnellerem Handeln gebracht und das ist die natürliche Methode des Körpers, eine Krankheit zu kurieren.

*

Verdauungsprobleme

Trinken Sie viel während der Mahlzeiten? Das wirkt verdauungshemmend.

Essen Sie nach jeder Mahlzeit ein Stück frische Ananas. Deren Enzyme wirken wahre Wunder bei Verdauungsbeschwerden.

Wenn Sie unter Verstopfung leiden, nehmen Sie morgens und abends einen Teelöffel voll Olivenöl zu sich.

Bei Verstopfung kann ein Löwenzahntee Abhilfe leisten.

Wirksam ist auch ein Fußbad in einer Wasser-, Salz- und Apfelessiglösung.

Ein anderes natürliches Mittel zur Verdauungsförderung sind Backpflaumen. Über Nacht eingeweicht und morgens zum Frühstück verzehrt, regulieren Sie gut die Verdauung.

*

Durchfall

Kochen Sie Heidelbeeren in Wasser auf und verabreichen Sie sie bei Durchfall.

Trinken Sie das Wasser, das beim Kochen von Reis anfällt, wenn Sie Durchfall haben.

Bananen stopfen.
Deshalb eignen sie sich auch zur Bekämpfung von Durchfall.

Schnelle Hilfe erhalten Sie,
wenn Sie eine in stark gesalzenem
Wasser gekochte Möhre essen.

*

Appetitlosigkeit

Bewegen Sie sich viel. Das hilft gegen
Appetitlosigkeit.

Sie können auch ein paar Tropfen
Lavendelöl zu sich nehmen.

*

Menstruationsbeschwerden

Entspannungsübungen
helfen, Menstruationsbeschwerden
zu lindern.

Auch eine aufgelegte Wärmflasche
schafft Linderung.

Das Trinken von Johaniskrauttee
ist sehr zu empfehlen.

Migräne

Stecken Sie ein kleines Stückchen Kampfer, das mit Watte umhüllt ist, ins Ohr. Auf diese Weise ist es möglich, einen Migräneanfall zu lindern oder im besten Fall verschwinden zu lassen.

*

Kopfschmerzen

Wenn Sie unter Kopfschmerzen leiden, dann sollten Sie in Ihren Kaffee einen Schuss Zitronensaft geben. Damit können Sie die Schmerzen lindern.

*

Augenschmerzen

Bei geschwollenen Augen legen Sie am besten kühle Gurkenscheiben auf die Haut. Die Schwellung verschwindet dann.

Schwellungen gehen auch dann zurück, wenn Sie gekühlte Beutel schwarzen Tees auf die Augen legen.

Waschen Sie Ihre Augen mit ein wenig Fencheltee, wenn diese überanstrengt sind.

Um Fremdkörper aus einem Auge herauszuspülen, sollten Sie Zuckerwasser benutzen.

*

Ohrenschmerzen

Bei leichtem Ohrensausen heiße Umschläge umlegen.

Sorgen Sie ganz allgemein für ausreichend Entspannung.

Bei längerem Ohrensausen sollten Sie einen Arzt zu Rate ziehen.

Ohrenschmerzen lindert man durch Kamillendämpfe oder Leinsamenwickel.

Wärme hilft bei Ohrenschmerzen. Tragen Sie so lange eine wollene Mütze über dem schmerzenden Ohr, bis die Schmerzen nachlassen.

Kochen Sie eine Pellkartoffel und wickeln Sie diese leicht zerdrückt in ein Leinentuch, das Sie auf das Ohr legen.

*

Ohren reinigen

Reinigen Sie Ihre Ohren lediglich mit einem Waschlappen, nie mit einem Wattestäbchen. Damit könnten Sie sonst möglicherweise das Trommelfell verletzen.

Wenn Sie einen Fremdkörper im Ohr haben, sollten Sie keinesfalls versuchen, ihn mit einem Wattestäbchen oder einer Haarnadel zu entfernen, da Sie den Fremdkörper sonst

nur noch tiefer ins Ohr drücken
und es zu einer schmerzhaften
Entzündung kommen kann.

*

Zahnfleischbluten

Johannisbeersaft eignet sich
hervorragend zur Linderung von
Zahnfleischbluten.

*

Lippenbläschen

Lippenbläschen sollten schon
bei den allerersten Anzeichen bekämpft
werden. Betupfen Sie sie sofort mit
Zahnpasta. Die Bläschen haben
dann keine Chance.

Sollten die Bläschen schon
durchgekommen sein, so helfen
warme Kamillenumschläge.

*

Halsschmerzen

Gegen Halsschmerzen hilft heiße Milch mit Honig.

Gurgeln Sie mit Salbeitee oder warmem Salzwasser. Das hilft.

Erfolgversprechend ist auch ein kalter Umschlag mit Milch.

Gießen Sie über ein Leinentuch eiskaltes Wasser und legen Sie das Tuch so nass wie möglich um Ihren Hals. Darüber einen Wollschal wickeln und ausruhen.

*

Mandelentzündung

Bei einer Mandelentzündung kann das Gurgeln von Kamillentee schmerzlindernd sein.

Angenehme Kühlung bringt auch das Essen von Speiseeis.

Erkrankungen der Blase und Nieren

Bei Blasen- und Nierenbeschwerden sollten Sie viel Hagebuttentee trinken, damit die Bakterien aus dem Körper gespült werden.

Probieren Sie Birkenblättertee. Er wirkt besonders reinigend.

*

Magenschmerzen

Wenn Sie Schwierigkeiten mit dem Magen haben, dann trinken Sie ungesüßten Kamillentee oder Cola.

Haferflocken helfen gegen Magendrücken.

Salzstangen versprechen bei Magenbeschwerden ebenfalls Linderung.

Ein Kartoffelumschlag hilft bei Magenverstimmungen.

Statt eines Abendessens sollten
Sie bei einer leichten Magenverstimmung
lediglich Walnüsse zu sich nehmen und
diese sehr gut kauen, bevor Sie sie
hinunterschlucken.

*

Blähungen

Trinken Sie jeden Tag ein Glas Milch,
die mit Kümmel aufgekocht wurde.

Knoblauch ist ein wirksames Mittel
gegen Blähungen. Dabei spielt es keine
Rolle, ob Sie es frisch, als Pulver oder
Dragee zu sich nehmen.
Die Wirkkraft bleibt dieselbe.

*

Brechmittel

Lauwarmes Salzwasser ist ein
ganz natürliches Mittel, um seinen
Mageninhalt loszuwerden.

*

Sodbrennen

Wenn Sie unter
Sodbrennen leiden,
trinken Sie viel Milch.

Essen Sie möglichst
fettarm. So beugen Sie
Sodbrennen vor.

*

Schluckauf

Gegen Schluckauf hilft eine
Messerspitze Salz, das Sie auf
der Zunge zergehen
lassen sollten.

*

Darmbeschwerden

Bei Darmbeschwerden kann
Honig sehr hilfreich sein,
denn er wirkt anregend auf
die Darmflora.

*

Afterentzündungen

Hier ist größte Sauberkeit geboten! Waschen Sie sich regelmäßig mit einem Sud aus Schachtelhalm, das hilft.

*

Hautjucken

Hautjucken kann man durch Waschen der betroffenen Stellen mit leichtem Essigwasser lindern. Auf einen Liter Wasser geben Sie drei Esslöffel Essig.

*

Verbrennungen

Falls Sie kleine Brandwunden haben, sollten Sie diese mit Fett einreiben und hinterher eine rohe Kartoffelscheibe auflegen. Das kühlt und verhindert die Blasenbildung.

Wenn Sie sich verbrannt haben, am besten die betroffene Stelle sofort mit kaltem Wasser kühlen.

Bei stärkeren Verbrennungen in jedem Fall einen Arzt konsultieren.

Wenn Sie sich die Zunge verbrannt haben, dann kann kühle Sahne Linderung bringen. Sie können auch einen Eiswürfel lutschen.

Bei stärkeren Verbrennungen sowie bei Sonnenbrand rohes Eiweiß auf die verbrannten Hautpartien auftragen und trocknen lassen. Nicht abwaschen, sondern warten, bis das Eiweiß von selbst abbröckelt.

Bei Sonnenbrand hilft eine Kompresse aus gewaschener Petersilie, die Sie öfters wechseln sollten.

Sehr kühlend und angenehm ist das Auftragen von kaltem Naturjoghurt. Er lindert den Schmerz, versorgt die Haut mit Feuchtigkeit und wirkt außerdem beruhigend.

Vereiterungen

Kauen Sie Vollkornbrot gut durch, ohne es hinunterzuschlucken. Mischen Sie die Masse mit einer fein gehackten Zwiebel und legen Sie diesen Brei auf die vereiterte Stelle. Decken Sie alles mit einer Binde ab. Die Vereiterung wird bald abklingen.

Vereiterungen können auch mit Kamillentee und danach mit einem Sud aus Brennnesseltrieben möglichst warm abgewaschen werden. Das schafft Linderung.

*

Haarausfall

Wenn Sie unter Haarausfall leiden, dann sollten Sie sich regelmäßig den Kopf mit starkem Kamillentee waschen.

Haarausfall kann auch durch tägliches Bürsten und Kämmen in alle Richtungen gemindert werden. Denn es regt die Kopfhaut an und steigert deren Vitalität.

*

Lästige Hornhaut

Reiben Sie die verdickten Stellen täglich mit einem feuchten Bimsstein ab. Sie werden dann schnell aller lästigen Beschwerden ledig sein.

*

Schmerzender Holzsplitter

Lassen Sie den betroffenen Finger einige Zeit in warmem Olivenöl liegen. Im Anschluss daran lässt sich der Splitter einfach herausnehmen.

Leicht zu entfernen ist ein Splitter ebenso, wenn man den Finger, in dem der Splitter festsitzt, einen Augenblick über Wasserdampf gehalten hat.

Blutergüsse

Bei Blutergüssen empfiehlt sich
ein Umschlag mit essigsaurer Tonerde.
Der Bluterguss verschwindet
dann schneller.

*

Eingewachsene Nägel

Sollten Sie unter eingewachsenen Nägeln leiden, dann können Sie sie über Nacht mit einem ölgetränkten Tuch umwickeln. Am nächsten Morgen sind die Nägel dann so weich, das man sie leicht abschneiden kann.

*

Warzen

Warzen verschwinden,
wenn man alle sechs Stunden frische
Zitronenscheiben auf sie legt.

Bequemer anzuwenden ist folgende Methode: Binden Sie über Nacht oder mehrmals am Tage eine dicke

Zwiebelscheibe auf die Warzen und
erneuern Sie diese öfters.

*

Fußpilz

Leiden Sie unter Fußpilz,
so hilft mehrmaliges Einreiben der
betroffenen Stellen mit
verdünntem Essig.

Allerdings sollten Sie unbedingt einen
Arzt zu Rate ziehen.

*

Müde Füße

Wenn Sie müde Füße haben,
baden Sie sie circa 15 Minuten in
einem lauwarmen Fußbad und
reiben sie danach mit
Franzbranntwein ein.

Sie können Ihre Füße auch in
Zitronenwasser baden.

Wund gelaufene Füße verhindern

Waschen Sie vor einer Wanderung Ihre Füße kalt ab und reiben Sie sie anschließend mit Hautöl ein. So verhindern Sie das Wundlaufen Ihrer Füße.

*

Schlaflosigkeit

Bei hartnäckiger Schlaflosigkeit helfen 20 Tropfen Baldrian auf einem Stückchen Zucker, das Sie langsam im Munde zergehen lassen sollten.

Wenn Sie einige Tropfen Rosenöl auf einen Wattebausch träufeln und diesen in die Nähe Ihres Kopfkissens legen, werden Sie ebenfalls wohlig einschlafen.

Wer auf Pillen oder Medikamente verzichten möchte, sollte kurz vor dem Schlafengehen heiße Milch mit Honig trinken. Dieses natürliche Schlafmittel wirkt ausgezeichnet.

Pflaster entfernen

Um Pflaster schmerzlos abzulösen, vor dem Abziehen etwas Speiseöl auf das Pflaster träufeln. Das Öl löst das Pflaster wie von selbst.

*

Insektenstiche

Wenn Sie von einer Biene oder einem anderen Insekt gestochen wurden, dann hilft ein aufgetragener Salzbrei. Er lindert den Schmerz und verhindert das Auftreten eines Geschwulstes.

Insektenstiche verlieren auch durch eine Behandlung mit Essigwasser Ihren Schrecken.

Ein geeignetes Mittel gegen den Juckreiz oder das Ausbilden eines Geschwulstes ist Quark.

Sollten Sie während eines Spaziergangs von einem Insekt gestochen werden, kauen Sie ein Blatt des Spitzwegerichs und legen Sie es dann auf den Stich. So vergeht der Juckreiz.

Ein Brei aus Zwiebeln auf den Insektenstich aufgetragen, wirkt ebenfalls sehr schmerzlindernd.

*

Blut stillen

Wenn Sie sich geschnitten haben, sollten Sie einen reinen Baumwollstoff nehmen und in kochendes Wasser tauchen. Legen Sie diesen dann auf die Wunde, und das Bluten wird sofort aufhören.

*

Asthma lindern

Nehmen Sie morgens, mittags und abends einen Teelöffel voll von folgender Mischung ein:

Drei Teile geriebenen Meerrettich
und einen Teil flüssigen Bienenhonig.
Das hilft, asthmatische Beschwerden
zu lindern.

*

Schwache Konzentration

Konzentrationsschwäche beheben
Sie, indem Sie mehrere Male am Tag
Brennnesselöl auf Schläfen und
Stirn auftragen. Denn das belebt
und erfrischt.

*

Anspannung und Stress

Bei Anspannung und Stress
trinken Sie Kamillenblütentee.
Der entspannt.

Auch Johanniskrauttee wirkt
wahre Wunder.

*

Müde und abgespannt?

Wenn Sie müde und abgespannt sind, sollten Sie zwischen den Mahlzeiten ein in ein wenig Wasser geschlagenes frisches Ei zu sich nehmen.

Das Wasser nicht durch Milch ersetzen, da das Eiweiß sonst seine Wirkung verlieren würde.

*

Wärmflasche

Damit das Wasser in der Wärmflasche länger warm bleibt, geben Sie ein wenig in Weinessig aufgelöstes Salz hinein. Das Wasser bleibt dann lange wohlig warm.

*

Anregen des Blutkreislaufs

Bewegung regt auf natürliche Weise den Blutkreislauf an.

Wechselduschen sind als durchblutungsförderndes Mittel ebenfalls sehr zu empfehlen.

Sie können Ihren Blutkreislauf auch durch das Trinken von heißer Milch auf Trab bringen.

*

Ausdauer und Leistungsfähigkeit

Ihre Ausdauer und Leistungsfähigkeit können Sie bei sportlichen Aktivitäten dadurch erhöhen, dass Sie vorher Zucker zu sich nehmen.

*

Muskelkater

Nach sportlichen Anstrengungen kann es zu Muskelkater kommen. Diesen können Sie mildern, indem Sie ein heißes Vollbad nehmen.

Auch eine Knetmassage wirkt Wunder.

Falls Sie an Muskelkater leiden, sollten Sie mit Sport möglichst nicht so lange warten, bis er vorüber ist, sondern gleich mit dem Sport weiter machen. Das ist das beste Mittel gegen Muskelkater.

*

Rauchen abgewöhnen

Sich das Rauchen abzugewöhnen, fällt meist sehr schwer. Sie werden in Ihrem Streben unterstützt werden, wenn Sie reichlich Äpfel essen.

Mit Haut und Haaren

Die besten Tipps für die Schönheitspflege

Schöner Teint

Damit Sie immer eine schöne Gesichtsfarbe haben, sollten Sie des Öfteren Speisezwiebeln in Milch kochen und anschließend verzehren.

Wenn Sie einen reinen und frischen Teint haben möchten, trinken Sie viel frischen Gurkensaft.

Sie erhalten Ihren schönen, frischen Teint, indem Sie Ihr Gesicht mit Zitronenwasser einreiben.

*

Sommersprossen

Um Ihre Sommersprossen unsichtbar zu machen, bestreichen Sie sie mit einer Mischung aus dem Saft einer Zitrone, einem Esslöffel Kölnisch Wasser, etwas Salz und Eiweiß.

*

Leberflecken

Kleine Leberfleckchen können durch das Auftragen von Ringelblumensalbe verschwinden.

*

Gesichtsmaske

Aus Gurkenmus mit etwas Zitronensaft vermischt lässt sich eine wunderbare Maske herstellen, die die Haut erfrischt und die Poren verengt.

Eine Gesichtsmaske aus in Milch, Sahne und Mandelöl schaumig geschlagenem Eigelb wirkt Falten entgegen. Verrühren Sie diese Masse mit einem Spritzer Zitronensaft und lassen Sie sie circa eine halbe Stunde einwirken. Besonders bei großporiger Haut ist diese pflegende Maske angezeigt.

Schöne Haut macht auch eine Gesichtsmaske aus fein geriebenen Äpfeln und ein wenig Zitronensaft. Etwa zehn

Minuten einwirken lassen und lauwarm abspülen.

Versuchen Sie einmal eine Honigmaske: Ein Eigelb mit etwas Honig und Pflanzenöl vermischen, auf die Haut auftragen, rund 20 Minuten einwirken lassen und lauwarm abwaschen. Diese Maske gibt Ihrer Haut lebensnotwendige Nährstoffe und lässt sie schön glatt und strahlend erscheinen.

Wenn Sie Mandelkleie im Haus haben, so können Sie sie mit etwas angewärmter Milch verrühren und sich die Maske auf das Gesicht auftragen. Das reinigt die Poren.

*

Hautreinigungsmittel

Vorzüglich für die Reinigung Ihrer Haut eignet sich Butter: Tragen Sie sie dünn auf, lassen Sie sie einige Zeit einwirken und entfernen Sie sie dann wieder mit

Kosmetiktüchern. Das Ergebnis wird Sie erstaunen.

Mischen Sie den Saft einer frischen Orange mit ein wenig Milch. Dieses Gesichtswasser hat eine hervorragende Reinigungskraft.

Geeignet ist auch Tomatensaft, mit etwas Glycerin versetzt.

Porentief rein macht frisch gepresster Karottensaft. Tragen Sie ihn mit einem Wattebausch auf und lassen ihn eine gute Viertelstunde einwirken. Anschließend mit lauwarmem Wasser gründlich abwaschen.

Auch Wein reinigt und stimuliert. Verwenden Sie bei trockener Haut Weißwein, bei empfindlicher hingegen roten.

*

Alternde Haut

Alternde Haut neigt zu Fältchenbildung und ist meist sehr trocken. Um diesem Prozess ein wenig entgegenzuwirken, sollten Sie der Haut sehr viel Feuchtigkeit geben und sich gesund ernähren. Dadurch bekommt die Haut in ausreichender Menge all die notwendigen Nährstoffe, die sie braucht.

*

Empfindliche Haut

Als Badezusatz für empfindliche Haut eignet sich folgendes: Geben Sie zwei bis drei Pfund Kleie in ein Säckchen und nähen es zu. Diese Menge langt für ein Vollbad.

Wenn Sie eine sehr empfindliche Haut haben, dann benutzen Sie am besten Produkte aus der Baby-Pflege. Deren Wirkstoffe sind besonders mild.

Eine Creme mit Kamillenöl wirkt hautberuhigend und entzündungshemmend.

Fettige Haut

Wenn Sie fettige Haut haben, können heiße Waschungen oder heiße Kompressen Abhilfe schaffen.

Hilfreich sind auch Gesichtsdampfbäder.

Eine Sauerkrautmaske ist ebenfalls gut geeignet zur Pflege von fettiger Haut. Legen Sie Sauerkraut auf Gesicht und Hals, lassen es rund 20 Minuten einwirken und waschen anschließend alles gründlich mit lauwarmem Wasser wieder ab.

Wunderbar glatt und weich wird Ihre Haut, wenn Sie in regelmäßigen Abständen bloßes Eiweiß auf das vorher gereinigte Gesicht aufgebracht haben. Am besten funktioniert das mit einem Pinsel. Das Eiweiß so lange auf der Haut lassen, bis es angetrocknet ist. Anschließend gründlich abwaschen.

*

Gerötete Haut

Bei geröteter und gespannter Haut empfiehlt sich eine Behandlung mit warmen Kamillenkompressen. Die Haut beruhigt und entspannt sich auf diese Weise wieder.

*

Glatte Haut

Reiben Sie Ihre Haut mit Kartoffelscheiben ab. Dadurch wird sie sehr schön glatt.

Empfehlenswert ist auch eine Maske aus Kampfermus: In eine Tasse kochenden Wassers einige Blätter Kampfer einweichen, zehn Minuten ziehen lassen und zu Mus verarbeiten. Dann die Masse aufs Gesicht auftragen und nach 20 Minuten mit lauwarmem Wasser wieder gründlich abwaschen.

*

Straffe Haut

Welke Haut wird rasch wieder straff und frisch durch Wechselwaschungen. Duschen Sie erst so heiß, wie Sie es vertragen, dann kurz kalt duschen. Wiederholen Sie den Vorgang mehrere Male.

Durch tägliche Waschungen mit Buttermilch strafft sich Ihre Haut. Kleine Fältchen verschwinden.

*

Trockene Haut

Gönnen Sie trockener Haut ab und zu eine Quarkmaske: Einfach Speisequark auf dem Gesicht verteilen und einziehen lassen. Wenn der Quark leicht angetrocknet ist, das Gesicht mit klarem Wasser waschen.

Waschen Sie trockene Haut nicht mit Seife. Dadurch trocknet sie nur noch weiter aus. Eine geeignete Alternative ist Mandelkleie.

Eine dick aufgetragene Sauerteigmaske hilft ebenfalls gegen trockene Haut.

*

Unreine Haut

Waschen Sie unreine Haut regelmäßig mit heißem Wasser und kühlen anschließend die Haut mit klarem, kaltem Wasser ab.

Bei unreiner Haut sollten Sie auf den Verzehr von Süßigkeiten, insbesondere von Schokolade verzichten.

*

Eincremen

Cremen Sie sich vor dem Schlafengehen ein. Die Haut kann in der Nacht am meisten Nährstoffe und Feuchtigkeit aufnehmen.

*

Grobe Poren

Um feine Poren zu bekommen, die Haut ab und zu mit Zitronensaft einreiben.

*

Mitesser

Mitesser sind meist sehr störend. Sie verschwinden, wenn Sie rohen Saft von roten Rüben trinken.

Nehmen Sie tagtäglich ein halbes Wasserglas Saft zu sich und die Mitesser werden verschwinden.

*

Baden

Zu häufiges Baden laugt die Haut aus. Deshalb nicht oft und nicht länger als zehn Minuten in der Wanne liegen.

Benutzen Sie nie Zusätze für Schaumbäder, sondern einen pflegenden Badezusatz, der der Haut

Feuchtigkeit spendet und ihren
Fetthaushalt reguliert.

Ein Badezusatz mit Melisse wirkt
entspannend.

Bei besonders trockener Haut versuchen
Sie ein Badeöl. Dadurch gewinnt die Haut
dringend benötigtes Fett.

Für trockene Haut eignet sich auch ein
Badezusatz aus angewärmter Milch
und Honig. Beides vermengen und
in das fließende Wasser geben.
Das schmeichelt der Haut.

Vitamine spenden Sie Ihrer Haut,
wenn Sie je 750 Gramm Weizen- und
Roggenmehl in kaltem Wasser
miteinander vermischen und diese
Mixtur in Ihr Badewasser geben.
Anschließend gründlich duschen.

*

Haarpflege

Ihr Haar wird weich wie Seide, wenn Sie es mit einer Ölpackung behandeln. Hierzu eignet sich besonders gut süßes Mandelöl. Wenden Sie die Packung vor jeder Haarwäsche an und lassen Sie sie circa eine halbe Stunde einwirken.

Fügen Sie der Haarspülung ein wenig Essig hinzu, dann erhält Ihr Haar wieder seinen natürlichen Glanz.

Ihre Haare können Sie festigen, indem Sie es mit Bier waschen. Das gibt auch Glanz. Wenn Sie das Bier etwas anwärmen, verstärken Sie den Effekt.

Um die Kämmbarkeit von langen Haaren zu erleichtern, spülen Sie sie nach der Haarwäsche mit Essigwasser.

Olivenöl, das ins Haar einmassiert wird, hilft bei brüchigen und splissigen Haaren.

Fettiges Haar

Waschen Sie fettiges Haar niemals mit eiskaltem oder sehr heißem Wasser. Extreme Temperaturen regen die Talgdrüsen an: Fettiges Haar fettet dann also noch schneller.

Ein geeignetes Mittel gegen fettiges Haar ist eine Spülung mit Bier. Waschen Sie das aber nicht wieder aus Ihren Haaren heraus, sondern lassen Sie es im Haar.

Haarwäschen mit Kamillentee eignen sich ebenfalls sehr gut zur Pflege von fettigem Haar.

Mischen Sie ein Eigelb mit einem Schnapsgläschen Rum und reiben Sie diese Mischung als Kurpackung gleichmäßig ins Haar, lassen sie eine halbe Stunde einwirken und spülen sie gründlich aus, auch um den Geruch wieder aus Ihrem Haar zu bringen.

Graues Haar

Mischen Sie Essig und warmes Wasser im Verhältnis eins zu drei und waschen Sie Ihr Haar regelmäßig damit. Dadurch bleibt die natürliche Haarfarbe erhalten.

Gegen die Bildung von grauen Haaren beugt auch verdünnter Apfelessig vor, den es in regelmäßigen Abständen gleichmäßig ins feuchte Haar zu massieren gilt.

*

Trockenes Haar

Als Folge einer Unterversorgung mit Talgfett entsteht trockenes Haar. Mischen Sie je nach Haarlänge zwei bis drei Eigelb mit ein wenig Wasser und tragen Sie diese Mixtur auf Ihre Kopfhaut auf. Nach einer Einwirkzeit von 20 Minuten gründlich ausspülen. So verbessern Sie die Arbeit der Talgdrüsen und den Fetttransport ins Haar.

Wirksam bei trockenem Haar ist auch eine Masse aus gekochter Kleie und Wasser, die Sie als Kur auf Ihr Haar geben sollten. Gründlich ausspülen und anschließend Klettwurzelöl ins noch feuchte Haar einmassieren.

Ernähren Sie sich Ihrem Haar zuliebe sehr vitaminreich. Ein Mangel an Vitaminen ist ein Grund für trockenes Haar.

Bei trockenem Haar sollten Sie grundsätzlich auf Fönen verzichten. Die Heißluft lässt das Haar sehr spröde wirken.

*

Pflege für blondes Haar

Wenn Sie blondes Haar haben, sollten Sie Ihre Haare öfters mit Kamillentee waschen, dem etwas Rosenöl zugefügt wurde. Ihr Haar wird es Ihnen mit seidigem Glanz und zartem Duft danken.

Weißwein empfiehlt sich ebenfalls als Pflegemittel für blondes Haar. Als Zutat in der Spülung verleiht es ihm strahlenden Glanz.

*

Pflege für dunkles Haar

Wer dunkles Haar mit schwarzem Tee wäscht, verleiht ihm einen seidigen Glanz. Je dunkler Ihr Haar, desto länger sollten Sie den Tee ziehen lassen.

Mehr Glanz erzielen Sie bei dunklem Haar, wenn Sie es nach der Wäsche mit Essigwasser spülen.

*

Schuppen

Kopfschuppen behandeln Sie am besten mit Lindenblütentee. Waschen Sie regelmäßig Ihre Haare damit.

Gegen Schuppen können Sie folgendermaßen vorgehen: Massieren Sie regelmäßig etwas Klettenwurzelöl in die Kopfhaut ein. Das lässt die Kopfhaut geschmeidig werden und beschränkt die Schuppenbildung.

*

Haare färben

Ihre dunklen Haare bekommen mit einer Abkochung von Hennablättern einen zarten Rotglanz.

*

Geschmeidige Hände

Schöne, geschmeidige Hände erhalten Sie, wenn Sie sie nach dem Waschen gründlich mit Zitronensaft einreiben und den Saft gut in die Haut einmassieren.

*

Raue Hände

Wenn Sie sehr raue Hände haben, probieren Sie folgendes: Nehmen Sie eine Hand voll Haferflocken und übergießen Sie diese mit kochendem Wasser. Lassen Sie sie eine Weile ziehen und baden Sie Ihre Hände darin, sobald das Wasser handwarm ist.

Sind Ihre Hände extrem rau, sollten Sie Ihnen eine richtige Kur gönnen. Tragen Sie einfach vor dem Schlafengehen dick Handcreme auf und ziehen Sie Spülhandschuhe darüber. Die Wärme lässt die Creme besser wirken und Sie haben am nächsten Morgen schöne und geschmeidige Hände.

Vermischen Sie Hautcreme mit etwas Butter und tragen Sie diese Mischung auf Ihre rauen Hände auf. Auf diese Weise werden sie wieder weich.

Schütten Sie einen halben Löffel Zucker samt ein wenig Massageöl in Ihre

Handflächen und reiben Sie beides gründlich in die Haut. Anschließend die Reste mit warmem Wasser abspülen.

Mischen Sie zu gleichen Teilen Glyzerin, Honig und Zitronensaft und cremen Sie raue Hände jeden Tag mit dieser Tinktur ein. Schnell werden Sie den gewünschten Erfolg sehen können.

Ein regelmäßiges Bad in warmer Milch lässt raue Hände wieder weich werden.

Geben Sie einige Tropfen Zitronensaft auf einen Esslöffel Puderzucker und waschen Sie sich mit dieser Mischung die Hände. Auf diese Weise entfernen Sie nicht nur hartnäckiges Nikotin, sondern erhalten auch noch samtweiche Hände.

Regelmäßig mit Olivenöl eingerieben, werden raue Hände wieder weich.

*

Schweißige Hände

Wenn Ihre Hände häufig schweißig sind, sollten Sie sie oft in lauwarmem Wasser waschen, dem etwas Alaun zugesetzt wurde.

Benutzen Sie möglichst keine Seife.

*

Pflege der Fingernägel

Sind Ihre Fingernägel zu weich, reiben Sie sie täglich mit Zitronensaft ein, das festigt sie wieder.

Schöne Fingernägel brauchen ausgiebige Pflege. Fetten Sie sie öfters ein.

Eine Zwiebelhälfte, mit der man die Nägel behandelt, kann bei brüchigen Nägeln helfen.

Kieselerde und Kalzium stärken Fingernägel von innen heraus. Nehmen Sie regelmäßig

entsprechende Dragees
beziehungsweise Tabletten
zu sich.

*

Spröde Nagelhaut

Tauchen Sie Ihre Hände einige Zeit
in Mandelöl und massieren Sie es hinterher
gut in die Nagelhaut ein.

*

Augen

Massieren Sie Fältchen um die Augen
einfach mit etwas Olivenöl weg.

Wenn Sie regelmäßig lange genug
schlafen, vermindern Sie die Bildung
von Augenringen.

Salatgurken sind taugliche
Gegenmittel bei Augenringen.
Legen Sie sie eine Zeit lang
unter Ihre Augen.

Vitaminmangel ist häufig die Ursache für Augenringe. Achten Sie auf eine gesunde Ernährung und das Risiko von Augenringen wird verringert.

Legen Sie doch einmal eine mit warmer Milch getränkte Kompresse auf Ihre Augen. Nach zehn Minuten werden Sie sicher mit ganz anderen Augen sehen.

Tränensäcke mit einer Mischung aus Kaffeesatz und Eischnee bestreichen, einen Augenblick einwirken lassen und lauwarm abspülen.

Erfolgversprechend gegen Tränensäcke ist auch die Auflage von abgekühlten Teebeuteln.

*

Zelllulitis

Zellulitis, auch Orangenhaut genannt, ist eine Folge von schwachem Bindegewebe.

Durch regelmäßige Beingymnastik, Fahradfahren oder viel Laufen straffen Sie die Haut und wirken so Zellulitis entgegen.

Behandeln können Sie Zellulitis durch regelmäßige Massage mit Ölen. Das fördert den Abtransport von eingelagerten Schlacken.

Auch mit einer gesunden Ernährung sind Sie in der Lage, Zellulitis zu bekämpfen. Gehen Sie mit Gewürzen sparsam um und meiden Sie vor allen Dingen Salz und Fett.

*

Enthaaren der Beine

Bei sehr hartnäckigem Haarwuchs sollten Sie die Beine oftmals mit einem Bimsstein behandeln. Damit die Haut nicht zu sehr gereizt wird, nach der Behandlung mit einer pflegenden Lotion eincremen.

Besonders intensive und lang anhaltende Enthaarung verspricht die Haarentfernung mit Wachs. Hier werden auch die Haarwurzeln mit entfernt und die Haare wachsen nur noch dünn nach.

*

Krähenfüße

Die Bildung von Krähenfüßen und Runzeln können Sie aufhalten, indem Sie sich wiederholt mit Mandelmilch waschen.

*

Narben

Kleine Narben glätten Sie, indem Sie sie in regelmäßigen Abständen vorsichtig mit einem Bimsstein überreiben.

Massieren Sie kleinere Narben regelmäßig mit Zinksalbe. Dann fallen die Hautverdickungen nicht mehr so stark auf.

Zahnpflege

Putzen Sie Ihre Zähne von Zeit zu Zeit mit Salbeitee. Dadurch erzielen Sie einen strahlenden Glanz.

Strahlend weiße Zähne bekommen Sie ebenfalls, wenn Sie Ihre Zähne einmal wöchentlich mit Kochsalz putzen. Streuen Sie das Salz auf die feuchte Zahnbürste, dann haftet es gut an den Borsten. Hinterher den Mund gut ausspülen. Selbst Verfärbungen durch Tee oder Nikotin verschwinden so für eine Weile.

Essen Sie frische Pflaumen. Das pflegt die Zähne und macht sie schön weiß.

Zerdrücken Sie frische Erdbeeren, geben diese Pasta als Zahnpasta auf die Zahnbürste und putzen Sie sich damit wie üblich die Zähne. Der Erfolg: strahlend weiße Zähne.

Wenn Sie keine Zeit haben, sich die Zähne zu putzen, sollten Sie zumindest einen Apfel essen, dessen Säure die Zähne säubert und Bakterien zum größten Teil abtötet.

*

Mundgeruch

Für einen wohlriechenden Atem können Sie einiges tun. Nehmen Sie ein Stückchen Zucker, träufeln Sie zwei bis drei Tropfen Lavendelöl darauf und lassen Sie es langsam im Munde zergehen.

Für alle die Ingwer lieben, stellt Mundgeruch in Zukunft kein Problem mehr dar. Kauen Sie einfach ein Stück Ingwerwurzel und Ihr Mundgeruch vergeht.

*

Rote Lippen

Schöne, rote Lippen erhalten Sie auf natürlichem Weg, wenn Sie einfach mit der Zahnbürste sanft über Ihre Lippen massieren

und sie hinterher mit einem
pflegenden Fettstift einreiben.

Doch Vorsicht: Benutzen Sie nicht
zu oft einen Fettstift. Die Lippen verlieren
sonst die Fähigkeit, den Feuchtigkeitsgehalt
selbst zu regulieren.

Stillen und frei räumen

Die besten Tipps
für das Wohlergehen Ihrer Kinder

Gesunder Babyschlaf

Ihr Baby sollte immer ohne Kissen schlafen. Es könnte sonst leicht darunter ersticken.

Achten Sie darauf, dass Ihr Kind nachts immer gut zugedeckt ist. Um sicher zu gehen, dass es sich nicht freistrampelt, legen Sie es am besten in einen Schlafsack. So bleibt es die ganze Nacht über schön warm.

Bewährt haben sich bei etwas älteren Kindern warme Schlafanzüge, die das Baby auch dann noch wärmen, wenn es die Decke wegstrampelt.

Lärm macht Kinder während des Schlafes nur nervös. Deshalb sollte es vor allem im Kinderzimmer, aber auch sonst in der Wohnung möglichst ruhig sein zur Schlafenszeit.

Ihr Baby oder Kleinkind schläft nicht ein? Für viele Kinder wirkt Autofahren sehr beruhigend. Probieren Sie es einmal aus, wenn das Kind wirklich nicht einschlafen will.

Übrigens kann das Ticken eines Weckers im Bettchen eine sehr beruhigende Wirkung haben, denn das Kind wird an den Herzschlag seiner Mutter erinnert.

Sie verhindern das Herausfallen Ihres Kleinkindes aus einem fremden Bett, indem Sie vorne von der Seite her ein keilförmiges Kissen unter die Matratze legen. Auf diese Weise kann Ihr Kind nicht mehr aus seinem Bett herausfallen.

*

Erinnerungen an die Zeit im Bauch

Babys bekommen während der Schwangerschaft viel mit. Besonders Musikklänge und Stimmen merken Sie sich gut.

Wenn Ihr Kind Einschlafstörungen hat, sollten Sie Musik laufen lassen, die Sie während der Schwangerschaft gehört haben. Auf manche Babys wirkt die Erinnerung sehr beruhigend.

*

Stillen

Sie können im Sitzen stillen, aber auch im Liegen. Probieren Sie aus, wie es am bequemsten für Sie ist.

Achten Sie darauf, dass Ihr Baby frei atmen kann. Manchmal stört die Brust und Sie müssen sie ein wenig zur Seite drücken.

Wenn Sie stillen, bekommt Ihr Baby alle Giftstoffe ab, die Sie einnehmen. Deshalb muss Alkohol in der Stillzeit tabu sein. Auch auf das Rauchen sollten Sie verzichten.

Nehmen Sie möglichst keine gärenden Lebensmittel zu sich, wie etwa

Hülsenfrüchte oder Kohl. Die Stoffe wirken dann auch beim Baby und es kann furchtbare Bauchschmerzen bekommen.

Wichtig ist, dass Sie während des Stillens viel trinken. Gönnen Sie sich außerdem ruhig einen kurzen Mittagsschlaf.

*

Babys lieben Süßes

Babys wissen, was lecker schmeckt. Alles was bitter ist oder salzig, wird ausgespuckt. Ein angeborenes Verhalten, das eine Schutzfunktion hat. Denn viele giftige Stoffe schmecken sauer oder bitter.

Damit Ihr Baby nicht nur Süßes zu sich nimmt, sondern auch einmal Gemüse, können Sie ihm die Speise mit etwas Zucker versüßen.

*

Verschlucken

Geben Sie Acht, dass Ihr Kind nicht im Liegen isst oder trinkt. Sonst ist die Gefahr sehr groß, dass es sich verschluckt.

Hat sich Ihr Kind verschluckt, halten Sie es kopfüber an den Beinen und klopfen ihm sacht den Rücken.

*

Spinat nicht wieder aufwärmen

Kochen Sie immer nur so kleine Portionen Spinat, dass sie Ihr Kind auch aufessen kann, denn Spinat sollte nicht wieder aufgewärmt werden. Er entwickelt dann Nitrit, was giftig ist.

*

Rutschsicheres Glas

Gummibänder um ein Saftglas geschlungen, geben kleinen Kinderhänden Halt. So fällt es ihnen leichter, das sonst rutschige Glas zu halten.

*

Weißer Stuhlgang

Babys, die weißen Stuhlgang haben, werden zu einseitig mit Milch ernährt. Ihnen fehlen meistens Kohlehydrate.

*

Verstopfung bei Babys

Wenn Ihr Baby unter Verstopfung leidet, dann sollten Sie ihm ein Fieberthermometer in den After schieben. Das Baby spürt den Fremdkörper und beginnt zu drücken.

Abführende Wirkung haben die Blüten von Pfirsichen. Geben Sie diese in die Nahrung oder machen Sie einen leckeren Sirup aus ihnen.

Verdauungsfördernd ist frisches
Obst oder ein Glas Orangensaft
noch vor dem Frühstück auf
nüchternen Magen.

*

Windeln

Spülen Sie Stoffwindeln nach dem
Kochen nur noch heiß, und nicht mehr
kalt nach, verlängern Sie damit
erheblich deren Haltbarkeit.

Wenn Sie keine fertigen Höschenwindeln
verwenden, braucht man Gummihöschen.
Diese reinigen Sie am besten mit
kalter Lauge aus Feinwaschmittel und
putzen Sie mit Terpentin ab,
damit sie schön weich bleiben.

*

Wunder Babypo

Die Ursache für einen wunden Babypo
ist meist zu viel Nässe.

Achten Sie darauf, dass der Po nach dem Säubern gut trocken ist. Danach noch mit einer Babypflege eincremen und pudern. Das hält die Nässe fern.

*

Baden

Ihre Kleinkinder sollten Sie während des Badens nie unbeaufsichtigt lassen. Die Gefahr des Ertrinkens ist nämlich sehr groß.
Besonderen Spaß macht es Ihrem Kind, wenn Sie mit ihm abends zusammen baden.

*

Gefahr Steckdose

Damit Ihr Kind nicht an die in der Wand liegenden Steckdosen herankommt, schaffen Sie sich unbedingt spezielle, kindersichere Aufsätze für die Steckdosen an.

*

Daumenlutschen

Daumenlutschen muss nicht gefährlich sein. Sie sollten aber darauf achten, dass diese Phase nicht zu lange andauert, denn es kann zu Verformungen des Gaumens kommen und auch die Zähne werden später darunter zu leiden haben.

Ein Schnuller führt nicht zu solchen Gaumen- und Zahnschäden, beruhigt das Kind aber genauso. Deshalb sollten Sie einem Schnuller den Vorrang geben.

*

Nägelkauen

Wenn Ihr Kind an seinen Nägel kaut, sollten Sie für ständige Beschäftigung Ihres Kindes sorgen. Das lenkt vom Nagelkauen ab.

Auch falsche Ernährung kann ein Auslöser für Nägelkauen sein. Achten Sie darauf, dass Ihr Kind eine ausgewogene Kost bekommt.

Bettnässen

Meist hat Bettnässen eine psychische Ursache. Strafen Sie Ihr Kind deswegen niemals, denn Sie verschlimmern damit nur noch alles.

Ihr Kind braucht jetzt Geduld und viel Liebe.

Manchesmal ist Bettnässen ein Zeichen für Überforderung, aber auch für Angst oder andere Sorgen.

Sie sollten jetzt viel mit Ihrem Kind reden, um ihm das Gefühl zu geben, geliebt und akzeptiert zu sein.

Verbieten Sie ihm nicht, abends zu trinken. Das verstärkt nur die Angst des Kindes vor dem erneuten Bettnässen.

*

Mückenschutz

Für Kinder sind Mückenstiche oft unerträglich und sie kratzen sich permanent. Sie sollten deshalb Vorsorge treffen und sie mit einem Mückenschutz behandeln.

Bei empfindlicher Haut können sie auch Eukalyptusöl benutzen.

*

Bratapfel bei Heiserkeit

Wenn ihr Kind unter Heiserkeit zu leiden hat, können Sie ihm hier schmackhaft helfen. Ein süßer Bratapfel wird gute Dienste leisten.

*

Frühe Verkehrserziehung

Für das Kind lebenswichtig ist eine frühe Verkehrserziehung. Es muss wissen, welche Gefahren auf der Straße lauern.

Gehen Sie mit Ihrem Kind nie über eine rote Ampel, und selbst dann nicht, wenn Sie es noch so eilig haben. Denn das Kind sieht Sie als Vorbild an. Möglicherweise wird es also auch ohne Ihre Begleitung einfach über eine rote Ampel laufen, allerdings mit weniger Bedacht als Sie.

Bringen Sie Ihrem Kind unbedingt bei, dass es auf der Straße nicht plötzlich loslaufen darf. Denn die Gefahr, zu stolpern, zu stürzen und auf diese Weise von einem herannahenden Fahrzeug überrollt zu werden, ist sehr groß.

*

Freiräume lassen

Manche Eltern versuchen, aus ihrem Kind ein wahres Multitalent zu machen. Tennis, Klavier, Judo, Gitarre ... alles muss das Kind lernen. Zwar sind Kinder besonders lernfähig, aber man sollte es nicht übertreiben.

Sie werden schnell herausfinden, was Ihrem Kind Spaß macht und was ihm zu viel wird. Lassen Sie ihm aber in jedem Fall ein paar Freiräume. Nur so hat Ihr Kind die Möglichkeit, seine Phantasie zu entfalten.

✳

Seifenspaß

Kinder lieben Seifenblasen. Diese können mit etwas Wasser und Spüli selbst gemacht werden. Mit einem Strohhalm wird geblasen.

Wenn Sie dem Wasser etwas Glycerin hinzufügen, erhalten Sie schillernde Seifenblasen.

✳

Verantwortung lernen

Wenn Sie Ihrem Kind den Wunsch erfüllen, ein Haustier anzuschaffen, dann kann es lernen, Verantwortung zu tragen.

Sicher werden Sie anfangs mithelfen und ihm zeigen müssen, wie es das Tier zu pflegen hat, aber später wird Ihr Kind diese Aufgabe alleine erledigen können und sollte sie auch alleine bewältigen.

Wichtig ist, dass das Kind alt genug ist, um zu verstehen, dass es hier um die Pflege eines Lebewesens geht, dessen Bedürfnisse nicht hintangestellt werden dürfen.

Wenn Sie sich entschlossen haben, ein Tier anzuschaffen, wenden Sie sich doch zunächst ans nächste Tierheim. Hier gibt es neben Hunden und Katzen viele Kleintiere, wie etwa Kaninchen, Meerschweinchen und Vögel, die auf ein liebes Zuhause warten.

*

Weiche Knetmasse

Damit die Kinder lange Spaß an ihrer Knete haben, sollten Sie diese in einem

verschließbaren Gefäß aufbewahren.
So bleibt sie feucht und länger frisch.

Ist die Knete dennoch zu fest,
wird sie durch das Einkneten von
Speiseöl wieder weich.

Es grünt so grün ...

Die besten Tipps für Zimmerpflanzen

Richtig gießen

Topfpflanzen sollten stets von oben gegossen werden. Schütten Sie Wasser fort, das nach 30 Minuten noch nicht von der Pflanze aufgesogen worden ist.

✳

Nasse Füße vermeiden

Achten Sie darauf, dass Ihre Blumen nicht im Wasser stehen. Das vertragen die meisten Wurzeln nämlich überhaupt nicht. Sie beginnen dann zu faulen.

✳

Ein Bad für Pflanzen

Manche Pflanzen lieben es, gebadet zu werden. Besonders der Schwertfarn sollte regelmäßig alle 14 Tage in lauwarmes Wasser getaucht werden.

Saumfarn braucht nicht ganz so viel Feuchtigkeit. Ihm langt ein Bad pro Monat.

Ab unter die Dusche

Blattpflanzen sollten von Zeit zu Zeit abgeduscht werden, um Schmutz von den Blättern zu waschen. Damit die Blumentopferde während des Duschens nicht tropfnass wird oder gar weggespült wird, schneiden Sie am besten in eine Plastiktüte ein Loch, stülpen dieses dann über die Pflanze und schützen so mit der überstehenden Plastiktüte die Blumentopferde.

*

Nicht benebeln

Folgende Blumen vertragen es nicht sehr gut, mit Wasser besprüht zu werden: Primeln, Alpenveilchen und Chrysanthemen. Verzichten Sie deshalb darauf, sie zu benebeln.

*

Düngemittel

Gießen Sie Ihre Topfpflanzen regelmäßig mit abgekühltem Kartoffelwasser. Das hat pflanzenbelebende Wirkung.

Auch mit Kaffeesatz oder Tee angereichertes Blumenwasser düngt Ihre Pflanzen.

Wenn Sie einen Kamin besitzen, können Sie die übrig gebliebene Asche als Düngemittel verwenden. Holzasche eignet sich hierfür besonders gut.

Sowohl menschliche als auch tierische Haare geben ebenfalls ein vorzügliches Düngemittel.

*

Richtig umtopfen

Im Frühjahr wird es bei den meisten Blumen Zeit, sie umzutopfen. Warten Sie damit nicht zu lange, denn die Wurzeln brauchen

Platz. Wenn es zu eng wird, werden die Wurzeln beschädigt.

Nehmen Sie den neuen Topf immer nur eine Nummer größer, damit nicht nur die Wurzeln, sondern auch die Blüten Ihrer Pflanze schön wachsen.

Legen Sie einen tönernen Blumentopf vor Gebrauch 24 Stunden vollständig in Wasser. Auf diese Weise schwemmen Sie Rückstände vom Brennen aus und sorgen dafür, dass das Blumenwasser von den Blumen und nicht vom Tontopf aufgesaugt wird.

*

Damit Blüten wieder blühen

Will Ihre Pflanze nicht mehr blühen, sollten Sie sie nicht gleich wegwerfen. Probieren Sie es doch einmal mit folgender Methode, ob Sie sie nicht noch einmal zum Blühen bewegen können: Legen Sie einige Apfelstücke auf die Erde und stülpen Sie ein Glas über die Pflanze. Die aufsteigenden Gase der trocknenden Apfelstücke regen die Pflanze zum Blühen an.

*

Kein Standortwechsel

Gehören Sie zu den Menschen, die ständig Ihr Zuhause umstellen müssen? Dann sollten Sie darauf achten, dass Ihre Blumen diesen Launen nicht ausgesetzt sind. Sie mögen nämlich keine Standortwechsel.

*

Glänzende Blätter

Ein altbewährter Trick bei Zimmerpflanzen ist es, ihre Blätter mit lauwarmem Bier abzuspritzen.

Blumenblätter können wahre Staubfänger sein. Um sich viel Arbeit zu ersparen, sollten Sie sie mit Fett bzw. Glycerin abreiben.

Dadurch kann sich der Staub nicht mehr so leicht auf den Blättern festsetzen.

*

Verwelkte Blätter

Sind Blätter an Ihrer Pflanze verwelkt, sollten Sie diese sofort absammeln.

Knipsen Sie aber wirklich nur verwelkte Blätter ab und nicht auch solche, die einfach nur unschön aussehen, das schadet der Pflanze nur.

*

Pflege im Urlaub

Legen Sie einen Wollfaden mit einem Ende in einen Eimer Wasser und mit dem anderen Ende stecken Sie ihn in den Blumentopf. Auf diese Weise wird die Pflanze einige Tage mit Wasser versorgt. Für allzu lange Abwesenheit von zu Hause eignet sich diese Gießmethode allerdings nicht.

Ein Streifen Löschpapier in den Topf gesteckt und in einen Kübel Wasser gehängt, erfüllt die gleiche Wirkung wie der Wollfaden.

Legen Sie Ziegelsteine in Ihre Badewanne und stellen Sie Ihre Pflanzen mit dem bloßen Blumentopf darauf, wenn Sie längere Zeit verreisen. Lassen Sie dann etwas Wasser in die Wanne einlaufen. Über den Ziegelstein erhalten die Pflanzen die benötigte Flüssigkeit.

*

Kränkelnde Topfpflanzen

Die Ursache für kränkelnde Topfpflanzen ist sehr oft sauer gewordene Blumenerde infolge zu vielen Gießens.

Gießen Sie einfach Wasser mit einer Temperatur von 65 °C in die Töpfe. Die Säure ist dann verschwunden, wenn nur noch klares Wasser abläuft.

Blattläuse

Sie sollten die Blätter bei Blattläusebefall gut mit einer Mischung aus Wasser und etwas Spiritus absprühen.

Wichtig ist es, dass Sie alle Blätter behandeln und auch die Blattunterseite nicht vergessen.

Wenn Sie Raucher sind, können Sie auch etwas von der Asche über die Blumenerde streuen, das hält die Blattläuse fern.

*

Vor Frost schützen

Lassen Sie Topfpflanzen im Winter nicht mit ihren Blättern die Scheiben berühren. Die Fensterscheibe leitet die Kälte bzw. den Frost in die Blätter der Pflanzen und die Blumen gehen dann ein.

*

Gummibaum

Der Gummibaum kommt mit wenig Wasser aus. Deshalb wenig gießen, aber gleichzeitig darauf achten, dass die Blumenerde nicht austrocknet.

Suchen Sie einen hellen und luftigen Platz für Ihren Gummibaum aus. Das garantiert das gute Wachstum dieser Pflanzenart.

Er gedeiht dann besonders gut, wenn Sie ihm von Zeit zu Zeit eine Kopfschmerztablette in die Blumenerde stecken.

*

Farne

Gießen Sie diese Grünpflanzen mit Wasser und einem Schuss Milch. Sie werden sehen, das gefällt Ihren Pflanzen.

Schwarzer Tee wirkt ausgezeichnet als Düngemittel für Zimmerfarne.

Stellen Sie Farne in einen großen Umtopf, füllen Sie diesen mit Tonkügelchen und gießen Sie Wasser darüber. Durch die hohe Luftfeuchtigkeit werden Ihre Farne besser gedeihen.

*

Kakteen lieben es trocken

Kakteen im Winter nur sehr selten gießen und bei rund 10 °C an einen hellen Platz stellen. Sobald die Tage länger werden und die Temperatur steigt, können Sie sie ruhig alle zwei Tage gießen. Die Pflanzen werden es Ihnen mit prächtigen Blüten danken.

Im Sommer möglichst an einen sonnenbeschienenen Standort stellen.

*

Palmen

Ihre tropischen Pflanzen, vor allen Dingen Palmen, fühlen sich im feuchtwarmen

Badezimmer besonders wohl.
Außerdem geben sie Ihrem Bad
ein tropisches Flair.

*

Pflanzen spannen auch mal aus

Manche Zimmerpflanzen gönnen
sich nach der Blütezeit etwas Ruhe.
In dieser Zeit brauchen sie kaum Wasser
oder Dünger. Machen Sie sich in Ihrem
Blumenfachgeschäft kundig, welche
Eigenarten Ihre Pflanze hat.

*

Pflanzen hören zu

Für alle, die dran glauben:
Ihre Pflanze liebt Geselligkeit. Wenn
Sie mit Ihr reden, bedankt sie sich
mit Blütenpracht.

Blumenliebhaber schwören übrigens
auch auf klassische Musik!

*

Sauerstoff sparen

Übrigens sollten Sie Pflanzen nachts aus Ihrem Schlafzimmer entfernen. Tagsüber produzieren Pflanzen zwar Sauerstoff, nachts jedoch, wenn kein Sonnenlicht mehr vorhanden ist, verbrauchen Sie eine Menge Sauerstoff, der Ihnen dann zum guten Schlaf fehlt.

*

Schnittblumen frisch halten

Ein wenig Soda dem Blumenwasser zugesetzt, hält Schnittblumen länger frisch.

Schnittblumen bleiben frischer, wenn man die Stielenden kurz über eine offene Flamme hält, ehe man sie in die Vase stellt.

Stellen Sie die Blumen nachts kühl. So haben Sie längere Zeit Freude an Ihnen.

Das Blumenwasser für Ihre Schnittblumen können Sie ganz leicht verbessern.

Geben Sie einfach eine Prise Zucker hinzu. Dann bleiben die Blumen länger frisch.

Übrigens sollte das Blumenwasser jeden Tag erneuert werden.

Mischen Sie dem Wasser in der Vase einige Tropfen Kampferöl bei. Das verlängert die Lebensdauer von Schnittblumen.

*

Aspirin für welke Blumen

Wenn Ihre Blumen bereits welk sind, können Sie sie vorübergehend aufleben lassen, indem Sie dem Blumenwasser eine Aspirintablette hinzugeben.

*

Schnittblumen anschneiden

Schneiden Sie Blumenstängel immer schräg ab.

Halten Sie den Stängel während des Schneidens am besten unter fließendes Wasser. Sonst kann in die Stängel allzu leicht Luft gelangen, die Blume kann kein Wasser mehr ziehen und vertrocknet.

*

Flieder

Flieder macht sich besonders schön in der Wohnung. Sie sollten das Ende der Stängel allerdings zuvor so lange abklopfen, bis sie rissig geworden sind. Dann kann der Flieder nämlich optimal Wasser aufnehmen.

*

Nelken

Stellen Sie Nelken an einen kühlen Platz. Dort fühlen Sie sich am wohlsten. Andere Standorte nehmen sie leicht übel, da sie sehr empfindlich sind.

*

Rosen

Wenn Sie die Stiele Ihrer Rosen
jeden Tag nachschneiden,
bleiben Sie länger frisch.

Sie können die Stielenden
auch kurz in sprudelnd heißes Wasser
tauchen. Die Rose ist dann
sozusagen versiegelt.

*

Tulpen

Damit Tulpen auch in der Vase lange
frisch bleiben, sollten Sie sie am Stielende
mit einer Nadel einstechen.

*

Sicherer Stand für Vasen

Damit die Vase einen sicheren Stand
hat, können Sie ein paar Kieselsteine
auf den Vasenboden legen.
Auch Murmeln eignen sich hierfür.

*

Verschmutzte Glasvasen

Häufig lagert sich am Rand Schmutz vom Blumenwasser ab. Um diesen zu beseitigen, geben Sie etwas Spüli in die Vase und füllen sie mit heißem Wasser. Lassen Sie das Ganze eine Weile stehen. Hinterher lässt sich der Schmutz einfach abwischen.

*

Kupfervasen

Blumen lieben Kupfervasen. Das Kupfer gibt winzige Teilchen ab, die die Fäulnisbakterien zerstören und das Welken der Blumen verhindern.

*

Vasen aus Kristall

Ihre Vase aus Kristall lässt sich ganz einfach reinigen, wenn Sie ein paar Zitronenschalen hineingeben, etwas heißes Wasser dazugießen und das Ganze gut schütteln.

Die Zitronensäure lässt das Glas wieder schön glänzen.

*

Vasen aus Ton

Vorsicht bei Vasen aus Ton. Sie lassen Feuchtigkeit durch. Stellen Sie deshalb stets einen Untersetzer unter Tonvasen. So dringt keine Feuchtigkeit bis auf die Stellfläche durch.

Wie Kraut und Rüben

Die besten Tipps für den Gemüsegarten

Windgeschützte Beete

Ihre Beete legen Sie am besten von Norden nach Süden an.

Auch die Rillen für kleine Setzlinge sollten Sie so anlegen, da sie dann von den schweren Ost- und Westwinden nicht so mitgenommen werden.

*

Setzlinge brauchen Regen

Ihre Setzlinge sollten Sie nur nach dem Regen, oder während es regnet, verpflanzen. Es können sonst Wachstumsstockungen eintreten.

*

Kleine Steckzwiebeln

Wichtig ist, dass Sie nur kleinste Zwiebeln zum Stecken auswählen. Die besten sind haselnussklein. Die großen Zwiebeln schießen dagegen gern ins Kraut.

Kürbis- und Gurkenkerne einweichen

Kürbis und Gurkenkerne am besten eine Nacht vor der Aussaat leicht in Milch einweichen.

*

Düngen

Ihren Gemüsegarten sollten Sie zwei bis drei Wochen vor dem Bepflanzen düngen. Dann haben sich die Nährstoffe bereits im Boden verteilt und können von den Pflanzen gut aufgenommen werden.

Unser Grundwasser ist schon genug belastet. Sie sollten auf natürlichen Dünger wie Schaf- oder Pferdemist umsteigen. Der hat den weiteren Vorteil, dass er auch sehr gut die Wärme im Boden hält.

Ihren Boden können Sie durch den Zusatz von Humus, Torfmull, Kalk und guten Kompost verbessern.

Vorsicht: Möchten Sie Porree pflanzen, sollten Sie die Jungpflanzen in keinem Fall in frisch gedüngten Boden einsetzen. Die jungen Pflänzchen faulen dann.

Graben Sie Komposterde nicht unter. Die Wurzeln von Gemüsepflanzen liegen in aller Regel knapp unter der Erdoberfläche und deshalb kommen sie dann am besten an die Nährstoffe heran, wenn Sie Komposterde einfach oben auf die Erde aufbringen.

*

Dem Boden eine Pause geben

Auch der beste Boden braucht einmal eine Pause. Da Kartoffeln dem Boden nur sehr wenige Nährstoffe entziehen, sollten Sie sie im Wechsel mit anderen Gemüsearten anpflanzen.

Besonders Schwarzwurzeln profitieren von diesem Fruchtwechsel.

Kröten – willkommene Gäste

Wer Kröten im Garten hat, kann sich glücklich schätzen. Nicht nur, dass diese Tiere ein Zeichen dafür sind, dass Ihr Garten ein wahres Biotop ist, gleichzeitig vernichten sie eine Vielzahl von Schnecken.

*

Bohnen

Bohnen sollten Sie nur frühmorgens ernten, weil sie dann ihr volles Aroma entfalten und Sie beim Kochen erheblich besser schmecken.

Bauen Sie besser Stangenbohnen an. Sie bringen doppelt so viel Ertrag wie Buschbohnen.

Für eine zweite Bohnenernte im Herbst am besten früh im Jahr Puffbohnen säen und die Pflanzen gleich nach der ersten Aberntung der grünen Schoten bis auf 8–10 Zentimeter über der Erde abschneiden. Auf diese Weise können Sie im Herbst ein zweites Mal ernten.

✳

Gurken

Schmackhaft bleiben Ihre Gurken, wenn Sie sie in heißen Zeiten nicht mit eiskaltem Wasser gießen. Das mögen sie nicht und Sie werden das spätestens am unangenehmen Geschmack merken, sollten Sie es doch tun.

✳

Kohlrabi

Bauen Sie am besten blaue Kohlrabisorten an. Denn die sind widerstandsfähiger als die weißen Sorten und reagieren unempfindlicher auf Schädlinge oder ungünstige Witterung.

Sie können Ihre Kohlrabiernte steigern: Schneiden Sie die Knollen bei der Ernte so ab, dass an der Wurzel eine Scheibe mit zwei bis drei Blattwinkeln stehenbleibt. Hieraus entwickeln sich zwei bis drei neue Kohlrabiknollen.

*

Kürbisse

Um Riesenkürbisse zu erzielen, etwa 35 Zentimeter vor und hinter dem Kürbisstiel auf dem Rankknoten gute Erde aufschütten, so dass nur die Blätter des Knotens sichtbar bleiben. Die vordere Rankenspitze wegschneiden und die nachwachsenden, neuen Triebe regelmäßig abkneifen.

*

Möhren

Karottensamen können Sie direkt in den Schnee säen. Die Samen gleiten dann mit dem Tauwasser in die Erde.

Karottenbeete sollten aus lockerer Erde bestehen, da die Karotten bei hartem Boden leicht krumm wachsen. Eventuell der Erde etwas Sand zumischen.

Zwischen die einzelnen Karotten einige Zwiebeln pflanzen. Ihr scharfer Geruch vertreibt so manchen Schädling.

*

Radieschen

Ihre Radieschen sollten Sie nicht in sonniger Lage säen, da sie sonst leicht holzig werden können.

Sie lieben viel Feuchtigkeit.

Düngen Sie Radieschen nicht, sie bekommen sonst Maden.

*

Tomaten

Tomaten laugen den Boden aus. Sie brauchen deshalb häufigen Zusatz von Dünger.

Tomaten lieber nicht neben Fenchel pflanzen. Denn die roten Früchte tragenden Pflanzen mögen diese Knollen nicht und werden Ihnen eine zu enge Nachbarschaft mit wenig Aroma heimzahlen.

*

Ernten

Um die kostbaren Nährwerte des Gemüses auch vollkommen auszunutzen, sollten Sie immer abends ernten.

Dies gilt nicht für Bohnen und Erbsen. Deren optimale Erntezeit liegt am frühen Morgen.

Kohlarten sind dann erntereif, wenn sie eine kugelartige Frucht ausgebildet haben.

Warten Sie deshalb nicht zu lange mit der Ernte, sonst laufen Sie Gefahr, dass die Kohlköpfe platzen. Das aber sieht nicht nur nicht schön aus, sondern schadet auch dem Geschmack.

*

Immer gut waschen

Auch wenn Sie Ihr eigenes Gemüse anbauen und keine giftigen Stoffe spritzen, sollten Sie Gemüse stets gut waschen. Nur so sind Sie sicher, dass keine Würmer, Maden, Schnecken oder ähnliches Ungeziefer mehr darin sind.

Die letzten Schädlinge, die beim Waschen übersehen wurden, verschwinden dann im sprudelnden Salzwasser.

Der Apfel fällt nicht weit vom Stamm

Die besten Tipps für den Obstgarten

Am besten nass und kühl

Wenn sie Ihre Bäumchen und Pflanzen setzen, sollte es feucht genug sein. Nicht bei sengender Sonne pflanzen. Aber natürlich auch nicht bei Frost. Der Spätherbst ist besonders günstig als Pflanzzeit.

*

Gesunder Obstgarten

Bauen Sie nicht nur eine einzige Obstsorte in Ihrem Garten an. Das birgt häufig nur die Gefahr, eines starken Schädlingsbefalls.

*

Aller Anfang ist schwer

Für einen guten Start bei Obstpflanzen kann man die Wurzeln in einen Brei aus Humus geben. Das sind Nährstoffe pur.

*

Obstbaumbeschnitt

Der Spätwinter, also dann, wenn nicht mehr mit zu starkem Frost zu rechnen ist, die Bäume aber auch noch nicht ausgetrieben haben, ist die beste Zeit, Obstbäume zurückzuschneiden.

Versiegeln Sie größere Schnittflächen unbedingt. Sonst haben Schädlinge aller Art leichtes Spiel. Reiben Sie die Schnittstellen deshalb mit einer Mischung aus Kalk und Lehm ein.

*

Vorsicht bei Eis und Schnee

Nach starkem Schneefall sollten Sie Ihre Bäume vorsichtig von der Last des Schnees befreien. Allzu hastiges Vorgehen kann allerdings Schäden an den Ästen verursachen, was wiederum zum Eingehen des Baumes führen kann.

Kalken Sie die Baumstämme Ihrer Obstbäume weiß. So verhindern Sie, dass im Winter während der Mittagszeit der Blütensaft nach oben steigt, in der Nacht dann wieder gefriert und der Baum daran eingeht.

Spritzen Sie Ihre Bäume mit dem Wasserschlauch ab, wenn während der Blütezeit mit Frost zu rechnen ist. Denn das gefrierende Wasser ist immer noch wärmer als der Blütensaft, wenn er gefriert.

*

Beerengewächse

Den Boden von Beerengewächsen kann man nicht umgraben, denn man schadet damit meistens den Wurzeln. Besser ist es, jedes Jahr einen nährstoffreichen Mutterboden aufzubringen.

Beerenpflanzen, die hoch hinaus wollen, sollten zusätzlich gestützt werden.

Die Pflanzen nehmen sonst ganz leicht unter der Last der Früchte Schaden.

Befreien Sie Beerenobststräucher regelmäßig von alten Zweigen. Die erkennen Sie an der dunklen Farbe ihrer Rinde. Eine besondere Zeit ist hierfür nicht zu empfehlen. Den Rückschnitt können Sie zu jeder Jahreszeit durchführen.

*

Brombeeren

Leicht lässt sich feststellen, ob die Brombeere reif ist, indem man deren Fruchtzapfen ansieht. Ist er dunkel, dann ist die Frucht reif.

*

Erdbeeren

Erdbeeren stets nur an der Wurzel gießen, andernfalls wird die Pflanze sehr leicht unbrauchbar.

Manchmal bilden sich an Erdbeerpflanzen Ranken, die unbedingt entfernt werden sollten, um die Pflanze nicht zusätzlich zu belasten.

Wenn Sie Erdbeeren einpflanzen, sollten Sie immer zwei bis drei Sorten gleichzeitig pflanzen. Dies ist wichtig für den Ertrag, denn die Erdbeeren befruchten sich dann selbst.

Während der Blüte und des Fruchtansatzes sollten Sie auf das Reinigen der Erdbeerbeete durch Hacken verzichten.

Unfruchtbar bleibende Erdbeeren, die doch üppig aussehen, sollten Sie sofort herausziehen. Sie können Ihre Unfruchtbarkeit anderen Pflanzen weitervererben.

Achten Sie darauf, dass Sie
auch die Ableger von den Pflanzen
entfernen, die keine Frucht tragen.

Erdbeeren brauchen das
ganze Jahr über einen lockeren
Boden.

Vor allem Unkraut sollte
schnellstmöglich entfernt
werden.

*

Heidelbeeren mögen es sonnig

Heidelbeeren sollten Sie an
einen sonnigen Ort pflanzen.
Hier fühlen sie sich am wohlsten.

Heidelbeeren vertragen
kaum Kalk. Zur Anpflanzung
eignet sich Sand und dunkle
Muttererde.

*

Himbeeren

Um Himbeeren anzubauen, bedarf es eines feuchten Bodens, der genügend Nährstoffe besitzt.

Geben Sie feuchten Torf auf die Erdoberfläche. Er kann genügend Feuchtigkeit speichern.

Ernten sollten Sie Ihre Himbeeren am frühen Morgen. Dann schmecken Sie am schmackhaftesten – den ganzen Tag lang.

Am Abend vor der Ernte die Sträucher noch einmal kräftig wässern. Dann sind die Früchte am Morgen darauf besonders schön und groß.

*

Johannisbeeren

Schneiden Sie Johannisbeersträucher energisch und regelmäßig zurück. Die Triebe sollten in keinem Fall älter als drei

Jahre werden. So erzielen Sie die besten Ernteergebnisse.

*

Stachelbeeren

Damit die Früchte dieser Beerenart schön groß und saftig werden, benötigen Sie während ihrer Wachstumsphase viel Wasser. Gießen Sie die Sträucher zu dieser Zeit also regelmäßig.

*

Äpfel

Schütteln Sie reife Früchte nicht vom Baum. Sie schaden damit nicht nur den Früchten, die durch das Herabfallen Druckstellen bekommen, die ihrerseits leicht faulen, sondern auch den Bäumen selbst. Die vertragen das Schütteln in der Regel nur sehr schlecht.

*

Haselnuss

Die Haselnuss ist eine anspruchslose und dankbare Fruchtpflanze, die sich in jedem Gartenwinkel wohl fühlt.

*

Kirschen

Als anspruchslosester Obstbaum gilt die Sauerkirsche oder auch Schattenmorelle. Sie gedeiht selbst im Schatten auf ungünstigem Boden und bringt trotzdem sehr gute Ernte.

Es ist ein Kraut gewachsen

Die besten Tipps für den Kräutergarten

Kräuter pflanzen

Einjährige Kräuter gehören jedes Jahr an einen anderen Platz im Garten. Der Boden wird sonst zu einseitig genutzt.

Pflanzen Sie einjährige Pflanzen nicht in dasselbe Beet wie zweijährige. Letztere fühlen sich meist durch zu intensive Bepflanzung in der Nachbarschaft gestört.

*

Basilikum

Basilikum ist sehr kälteempfindlich. Säen Sie ihn aus diesem Grund erst nach den Eisheiligen. Dann ist die Wahrscheinlichkeit für Frost gering.

Suchen Sie einen warmen, sonnigen Platz aus, wo der Basilikum wachsen und gedeihen soll.

Schneiden Sie Basilikum zu seiner Blütezeit sehr stark zurück. So können Sie dieses

Kraut längere Zeit in Ihrem Kräuterbeet halten.

*

Bohnenkraut

Seine ganze Würze entfaltet Bohnenkraut, wenn Sie es während seiner Blütezeit ernten.

*

Dillsamen als Kümmelersatz

Wenn Sie Dill in Ihrem Garten anbauen, können Sie die reifen Samen auch als Kümmelersatz verwenden. Diese schmecken viel feiner als Kümmel.

*

Knoblauch

Knoblauch sollten Sie ernten, solange die Blätter noch frisch sind. Andernfalls ist die

Qualität und die
Lebensdauer der Zwiebeln
eingeschränkt.

Die beste Zeit, um Knoblauch
zu setzen, ist das
Frühjahr.

Knoblauch lässt sich auch
wunderbar in Blumenkästen
ziehen.

*

Kresse

Kresse ist sehr anspruchslos.
Sie wächst sehr gut auf feuchtem
Löschpapier oder Zellstoff.

*

Majoran

Echter Majoran bedarf einer großen
Menge Dünger, den Sie schon im Herbst
in den Boden bringen sollten.

Ernten Sie echten Majoran, sobald sich die ersten Blütenknospen zeigen. Dann hat er die richtige Würze.

*

Petersilie

Wenn Sie die Wahrscheinlichkeit erhöhen möchten, dass Petersilie gut gedeiht, sollten Sie sie im Juni pflanzen. Sie fühlt sich zu dieser Zeit am wohlsten.

Petersilie lässt sich gut einfrieren und im gefrorenen Zustand besonders gut zerkleinern.

*

Rosmarin

Rosmarin ist kälteempfindlich. Pflanzen Sie ihn an einen sonnigen Platz und schützen Sie ihn unbedingt vor Frost.

Setzen Sie Rosmarin vor Frostbeginn in einen Blumentopf um, wenn Sie die Pflanze über den Winter bringen möchten, und stellen Sie sie hell aufs Fensterbrett. Im Frühjahr können Sie den Rosmarin dann wieder in Ihren Garten pflanzen.

Rosmarin würzt nicht nur Tomatensoßen, sondern auch Fleischgerichte.

*

Schachtelhalm

Schachtelhalm fühlt sich wohl in feuchtem, sandigen Boden.

Schachtelhalm, oder auch Zinnkraut, ist ein bewährtes Heilkraut, das als Abkochung gegen Juckreiz hilft.

Die beste Erntezeit des Schachtelhalms liegt im Frühsommer und Sommer.

*

Schnittlauch

Schnittlauch sollte man nicht blühen lassen. Er verliert sonst zu viel Geschmack. Deshalb schon bei Knospenbildung abschneiden, so dass nur noch kurze Stiele stehen bleiben.

Pflanzen Sie dieses Kraut in schattige Regionen Ihres Gartens. Hier gedeiht Schnittlauch am besten.

Streuen Sie Ruß als Dünger in die Erde. So erzielen Sie bei Schnittlauch eine tiefgrüne, dunkle Färbung.

Säen Sie in einem Abstand von 30 Tagen Schnittlauch nach. Auf diese Weise haben Sie ihn stets frisch in Ihrem Kräuterbeet.

*

Thymian

Dieses Kraut verträgt weder starke Düngung noch große Feuchtigkeit. Es liebt vielmehr trockene Böden. Deshalb sollten Sie es abseits von Ihren anderen Kräutern pflanzen.

Wenn Sie während der Mittagshitze ernten, erhalten Sie die größte Würze.

Schneiden Sie Thymian ein kleines Stück über der Erde ab.

*

Zitronenmelisse

Dieses besonders bei Salaten und Desserts beliebte Gewürz sollten Sie kurz vor dem Aufgehen der Blüten ernten.

Am Nachmittag entfaltet Zitronenmelisse die höchste Würzkraft.

Rosen, Tulpen, Nelken ...

Die besten Tipps für den Ziergarten

Mutterboden

Für Ihre Blumen im Garten sollten Sie humusreichen Mutterboden anschaffen. Diese Erde ist dunkler und nährstoffreicher und kann das Sonnenlicht und die Wärme besser absorbieren.

*

Gartenboden umgraben

Nassen Gartenboden sollten Sie nicht umgraben. Es bilden sich sonst harte Klumpen und Schollen, die den Wuchs behindern.

*

Zu feuchter Boden

Wenn der Boden in Ihrem Garten zu feucht ist, Gewächse pflanzen, die viel Wasser verbrauchen.

Hierzu zählen Weingewächse, Rhododendron und auch die kanadische Pappel.

*

Sandboden

Ist Ihr Boden sehr sandig, dann ist für Pflanzen selten genug Wasser vorhanden, da Sand Wasser kaum speichern kann.

Sie können dem entgegenwirken, indem Sie des Öfteren Kompost auf dem Boden verteilen. Dieser fungiert dann als Wasserspeicher.

Auch Humus sollte ab und zu sandigem Boden beigefügt werden.

*

Saurer Boden

Pflanzen wie Rhododendron oder Erika lieben sauren Boden. Mischen Sie zusätzlich unter den Mutterboden Kaffeesatz und Sie bereiten diesen Pflanzen genau den richtigen Boden.

*

Richtig düngen

Am besten nur an solchen Tagen düngen, an denen die Erde feucht oder wenigstens nicht ausgetrocknet ist. Dann nimmt die Erde die Nährstoffe besser auf.

Während der Winterruhe sollten Sie Ihre Blumen nicht düngen, sie benötigen jetzt keine zusätzlichen Nährstoffe.

*

Garten gießen

Ihren Garten sollten Sie stets am Abend gießen.

Gießen während des Sonnenscheins ist deshalb zwecklos, weil die Feuchtigkeit viel zu schnell verdunstet und die Erde rissig wird.

Um Wasser zu sparen, selten, dann aber kräftig gießen. Die Blumen wachsen bei gelegentlichem Gießen in die Breite, um das Wasser zu speichern.

Übrigens entsteht auch bei zu viel Feuchtigkeit Moos.

*

Familienfreundlicher Garten

Wer Kinder hat, sollte auf alle giftigen Pflanzenarten verzichten, so schön die auch aussehen mögen. Vielleicht werden Ihre Kinder von der verlockenden Pracht dieser Pflanzen angezogen und naschen ein wenig davon ...?

Vor allem die Vogelbeere, aber auch die Herbstzeitlose haben aus diesem Grund in Ihrem Garten nichts verloren.

Rasen

Ihr Rasen gedeiht am besten auf ebenem Boden.

Bei der Aussaat von Rasensamen sollten Sie auf glatten Boden achten. Das erleichtert die Pflege ungemein.

Kommen die ersten, kurzen Halme hervor, braucht der Rasen sehr viel Wasser, um gut zu gedeihen.

Der Rasen sollte nie zu kurz geschoren sein, da er im anderen Fall der Sonne schutzlos ausgeliefert ist.

*

Verhalten im Schnee

Haben Sie schon einmal nach dem Tauen eine Wiese gesehen, die im Winter als Schlittenpiste benutzt wurde? Der Rasen ist auf diesen Strecken vollkommen beschädigt, viele Flächen sind kahl.

Schuld daran ist der Sauerstoffmangel des Bodens während der Zeit, in der der Schnee festgetreten oder -gefahren ist.

Sie sollten Ihren Rasen also von der Ferne aus betrachten und nicht ständig auf ihm herumlaufen, wenn Schnee liegt.

*

Feinen Samen säen

Feinsten Samen können Sie leichter und gleichmäßiger säen, wenn Sie das Saatgut mit trockenem Sand vermischen.

*

Richtig zurückschneiden

Der Schnitt der Hecken muss stets so erfolgen, dass sie unten breiter bleiben als oben. Sonst entstehen Lücken.

Das Zurückschneiden von Ziergehölzen sollte vor dem Blühen im Frühjahr geschehen.

*

Staudenpflanzen

Damit Ihre Stauden länger und intensiver blühen, zupfen Sie am besten immer die verwelkten Blüten ab.

Bei Stauden ist eine regelmäßige Teilung der Pflanze notwendig, damit sie nicht überaltert. Graben Sie dazu die komplette Pflanze aus und stechen Sie sie mitsamt der Wurzel in mehrere Teile ab.

Sortieren Sie alte Pflanzen aus, die nicht mehr so recht blühen. Diese sind in der Regel anfälliger gegen Schädlinge und Krankheiten.

*

Zierpflanzen

Pflanzen Sie Zierhölzer bei feuchtem Wetter. Sonnenschein schadet den Samen.

Zierpflanzen sollten vor dem Setzen ordentlich baden können. Wenn sich die Wurzeln richtig mit Wasser vollgesogen haben, ist die richtige Zeit zum Pflanzen.

Manche Ziergehölze brauchen Stützpfähle, die immer schräg eingeschlagen werden sollten.

Es empfiehlt sich, die Stützen vor der Pflanze anzubringen.

*

Blumenzwiebeln richtig lagern

Blumenzwiebeln unbedingt kühl und trocken in einem luftigen Raum lagern. Sonst besteht die Gefahr, dass sie faulen oder austreiben, bevor sie in die Erde gebracht wurden.

Astern

Wenn Sie Astern für den Sommer schon im Blumenkasten vorziehen und erst die Jungpflanzen in den Garten einsetzen, wachsen die Pflanzen schneller heran als ohne diese Vorarbeit.

Astern werden leider sehr schnell von der Asterwelke befallen. Um dies zu verhindern, sollten Sie diese Blumen nie mehrere Jahre hindurch an derselben Stelle Ihres Gartens anpflanzen, sondern ihren Standort regelmäßig wechseln.

*

Blaukissen sonnen sich gern

Blaukissen sehen im Garten besonders schön aus. Damit sie gut gedeihen und prächtig blühen, sollte man ihre speziellen Vorlieben beachten.

Am liebsten wachsen sie in direkter Sonne. Mit etwas Humus versorgt, werden sie sich richtig wohl fühlen.

*

Flieder

Flieder ist ein sehr empfindliches Gewächs, das nur vorsichtiges Düngen verträgt. Mist ist dafür keinesfalls geeignet. Er ist zu scharf für die zarten Fliederwurzeln.

*

Magnolien

Magnolien sind sehr wind- und kälteempfindlich.

Achten Sie darauf, dass Ihre Magnolien windgeschützt und nahe des Hauses stehen. So bekommen Sie im Winter etwas Wärme ab.

*

Pfingstrosen

Pfingstrosen machen sich im Garten besonders schön. Allerdings sind sie auch sehr anspruchsvoll. Für eine Blütenpracht benötigen sie nährstoffreichen, feuchten Boden.

Den Platz, den Sie sich für Ihre Rosen ausgesucht haben, sollten Sie lange beibehalten, die Pflanzen werden sich dann besonders wohl fühlen.

Mit dem Umpflanzen sollten Sie erst nach den heißen Sommertagen beginnen.

*

Rhododendron

Pflanzen Sie auf dem Boden rund um Ihren Rhododendron Blumen. Sie speichern Wasser und halten den Boden feucht. Gute Voraussetzungen für den Rhododendron, der viel Wasser benötigt.

Rittersporn braucht Gesellschaft

Bei Wind und Wetter ist Rittersporn sehr gefährdet. Pflanzen Sie mehrere Stauden nebeneinander oder binden Sie die Dolden fest.

*

Rosen

Rosensträucher blühen prachtvoll bis in den späten Herbst, wenn Sie die voll erblühten Rosen jeweils noch vor Beginn des Entblätterns abschneiden.

Rosen lassen sich hervorragend mit einer Bananenschale düngen.

Düngen sollte man Rosen übrigens besonders während ihrer Blütezeit. Dann benötigen Sie auch eine Menge Wasser.

Gießen dürfen Sie nur die Wurzeln. Sie gehen sonst das Risiko ein, dass Ihre Rosen von Mehltau befallen werden.

An Wegen, die im Winter gestreut werden, haben Rosen nichts zu suchen. Sie vertragen kein Streusalz.

Ihre Rosen sollten Sie erst schneiden, wenn es wirklich warm ist.

Sobald Frost einsetzt, kann es zu Schäden an den Rosensträuchern kommen. Lieber etwas länger mit dem Beschnitt warten.

*

Rankender Wein

Wenn Sie einen Wein am Haus hochranken lassen, sollten Sie neben ihn keine feuchtigkeitsliebenden Gewächse pflanzen, da er im Umkreis seines Stammes das Wasser ähnlich einer Pumpe aus der Erde saugt und für andere Pflanzen kein Wasser mehr übrig lässt.

*

Schöne Hecken

Hecken sind äußerst praktisch. Sie schützen vor neugierigen Blicken der Nachbarn und sehen doch natürlicher aus als ein hochgezogener Zaun. Zudem wird durch sie der Straßenlärm etwas gedämpft.

*

Privater Regenwald

Beim Anpflanzen von subtropischen Gewächsen, sollten Sie daran denken, dass kaum ein Schädlingsvernichter unserer Breiten hier sein Zuhause suchen wird.

Bleiben Sie besser bei einheimischen Gewächsen, damit Igel, Vögel und Marienkäfer auch weiterhin in Ihrem Garten heimisch sind.

Pflanzen Sie Pappeln, wenn Sie ein sehr feuchtes Grundstück haben. So entziehen Sie dem Boden auf natürliche Weise seine Feuchtigkeit.

Bäume düngen

Wenn Sie Bäume düngen, müssen Sie bedenken, dass die Wurzeln nicht nur direkt am Stamm liegen, sondern dass sie sich unter der Erdoberfläche weitläufig ausbreiten.

Düngen Sie also auch im Umkreis Ihres Baumes, um sein komplettes Wurzelwerk zu erreichen.

Wurzeln können auch sehr tief ins Erdreich langen. Hilfreich für deren Versorgung mit Dünger sind hier kleine Röhrchen, die in die Erde gesteckt werden.

*

Herbstlaub

Erinnern Sie sich an den Kreislauf im Wald? Das heruntergefallene Herbstlaub zerfällt und dient dem Boden als Humus. Sie sollten sich diesen Kreislauf zu Nutze machen und das Herbstlaub nur von der Rasenfläche absammeln.
Dann haben Ihre Blumen bald

einen sehr guten Boden und
werden es Ihnen mit einem kräftigen
Wuchs danken.

*

Kein faulendes Holz

Unbehandelte Pfähle und Balken
lassen sich noch nachträglich imprägnieren:
Bohren Sie in den über der Erde befindlichen
Teil schräg unten bis zur Mitte des Holzes
ein Loch, das rund einen Zentimeter
groß ist, und füllen Sie es so oft mit
Karbolineum, wie dieses innerhalb von
ein bis drei Tagen aufgesogen wird.
Dann das Loch mit einem Holzpflock
verkeilen, der glatt abgesägt wird.

*

Verlockender Garten

So schön ein akkurat geschnittener Garten
auch aussehen mag, Schädlingsbekämpfer
wie Kröten oder Igel werden sich hier
nicht sehr wohl fühlen.

Entdecken Sie das Schöne
an der wilden Natur und lassen Sie
ihr in Ihrem Garten mehr Freiraum!
Das werden Ihnen Igel und
Kröten danken.

Auch ein Teich lockt willkommene
Gäste an. Gerade Kröten werden
sich hier wohlfühlen.

*

Regenwürmer

Wenn sich Regenwürmer auf Ihre
Terrasse verirrt haben, sollten Sie
sie nicht vernichten, sondern auf
die Wiese zurückbringen.

Seien Sie froh um jeden Regenwurm.
Er macht aus Ihrer Erde Humus und
lockert den Boden! Das wird
gerade ältere Rasenflächen freuen.
Größere Lockerheit bedeutet
besseres Wachstum.

Wenn Sie Mulch auf Ihre Blumenbeete streuen, ziehen Sie damit unweigerlich Regenwürmer an. Sie ernähren sich von den Überresten pflanzlicher Stoffe und tragen den Mulch bis tief in die Erde hinein. Die bleibt dadurch locker und kann viel mehr Feuchtigkeit speichern.

*

Vogelhaus und Meisenkolben

Wer eine Schar von Vögeln in seinem Garten vorfindet, kann sich freuen, denn Sie ernähren sich von Insekten und manchen Schädlingen.

Ein Vogelhaus in Ihrem Garten wird bestimmt einige Vögel anlocken.

Meisenkolben sollten Sie übrigens nur aufhängen, wenn eine Schneedecke liegt. Nur dann brauchen Vögel Unterstützung. Andernfalls verlernen Sie unter Umständen, nach Nahrung zu suchen.

Eine Vogeltränke, in der Vögel von Zeit zur Zeit auch gerne baden, lockt ebenfalls die gefiederten Sänger in Ihren Garten. Doch stellen Sie Vogeltränken unbedingt katzensicher auf. Während eines kleinen Bades sind Vögel in der Regel relativ unaufmerksam und für jagende Katzen eine leichte Beute.

Vorsicht Falle!

Die besten Tipps zur Schädlingsbekämpfung

Brennnesseljauche

Stellen Sie aus Brennnesseln einen Sud her, mit dem Sie von Schädlingen befallene Pflanzen behandeln. Lassen Sie dazu frische Brennnesselpflanzen rund einen Tag lang in kaltem Wasser ziehen und nutzen Sie dann dieses Wasser zum Besprühen Ihrer Pflanzen. Das vertreibt die Schädlinge.

*

Mit Knoblauch gegen Schädlinge

Nicht nur manche Menschen, auch Schädlinge hassen den Geruch von Knoblauch. Pflanzen Sie ein paar Zehen in die Erde und Schädlinge werden sich nicht in die Nähe Ihres Gartens wagen.

Achten Sie darauf, dass der Knoblauch nicht zu wachsen beginnt und den Pflanzenwurzeln Platz wegnimmt. Graben Sie vorher diese Knolle wieder aus und eine neue ein.

Kräuterpflanzen für den Obstgarten

Schädlinge halten sich meist fern, wenn man in die Nähe von Obstbäumen Heilkräuter pflanzt.

*

Ameisen

Den Geruch von Lavendel hassen nicht nur Motten. Auch Ameisen lassen sich damit gut vertreiben. Pflanzen Sie einfach ein paar Lavendelpflänzchen in Ihren Garten. Dann haben Sie vor Ameisen Ruhe.

An und für sich sind Ameisen recht nützliche Tierchen, doch sollten Sie in Massen von ihnen heimgesucht werden, können Sie sich ihrer mit kochendem Wasser erwehren, das Sie über ihr Nest schütten.

*

Blattläuse und Raupen

Diese ungebetenen Gäste werden Sie durch Übergießen der Sträucher mit Schmierseifenwasser los. Wiederholen Sie die Prozedur so lange, bis Sie keine dieser Schädlinge mehr entdecken können. Denn nur die ausgewachsenen Tiere gehen dank dieser Behandlung ein, nicht die Brut.

Wenn Sie in Ihrem Gemüsegarten Blumenkohl, Rotkohl, Wirsing und Weißkohl angebaut haben, dann können Sie diese vor Raupenbefall schützen, indem Sie Tomatenpflanzen zwischen die einzelnen Pflanzen setzen. Der Tomatengeruch hält Schmetterlinge und Raupen fern.

Lavendelpflanzen haben sich ebenfalls als duftende Möglichkeit bewährt, Blattläuse auf Distanz zu halten. Denn die Schädlinge mögen diesen Duft überhaupt nicht.

Kapuzinerkresse neben Bohnen gepflanzt hilft, gerade diese anfällige Hülsenfrucht gegen Blattlausbefall zu schützen.

Achtung: Sollten Sie nur ganz vereinzelt Raupen an Ihren Pflanzen haben, gönnen Sie den Tieren doch einfach ihren Teil am Nahrungsangebot. Denn aus Raupen werden in der Vielzahl der Fälle Schmetterlinge, die ja auch Ihr Auge erfreuen.

*

Blutläuse

Gegen diesen unangenehmen Schädling, der sich mit Vorliebe über Obstbäume hermacht, hilft Kapuzinerkresse. Säen Sie diese um den Stamm Ihres Obstbaumes. Dann haben Sie vor Blutläusen Ruhe. Denn die mögen den Geruch dieses Küchenkrautes nicht.

*

Kalk gegen Engerlinge

Wenn Sie Ihrem Dünger etwas Kalk hinzufügen, so können Sie damit Engerlinge aus Ihrem Garten scheuchen.

*

Erdflöhe vertreiben

Säen Sie Salat zwischen das Gemüse. Damit lassen sich Erdflöhe leicht aus Ihrem Garten fernhalten, denn sie mögen keinen Salat.

Kresse dagegen übt auf Erdflöhe eine magische Anziehungskraft aus. Deshalb: Verzichten Sie auf Kresse, um die Gefahr eines Befalls durch Erdflöhe nicht zu erhöhen.

*

Frostspanner

Frostspanner hält man vom Eierablegen im Baum ab, indem man eine dicke Schicht aus

Leim um den Baum streicht.
Dieser wird unüberwindbar für den
Frostspanner sein.

*

Kohlmaden

Geben Sie einen Esslöffel Kalk
vor dem Einsetzen von Jungpflanzen
in das Pflanzloch. Auf diese Weise
bewahren Sie Ihre Kohlpflanzen
vor Kohlmaden.

*

Kohlweißling vertreiben

Pflanzen Sie zwischen Kohl am
besten Dill. So halten Sie Kohlweißlinge
von den Kohlpflanzen fern.

*

Mehltau

Befallene Pflanzen
einfach mit einer Kochsalzlösung
besprengen. Hierzu

zehn Gramm Kochsalz und zehn Liter Wasser vermischen.

*

Spinnmilben

Sind Ihre Pflanzen von Spinnmilben befallen, dann sollten Sie diese mit etwas Spülmittelwasser besprühen.

Ein Tee aus Rainfarn hilft ebenfalls sehr gut gegen die Milben: Überbrühen Sie 30 Gramm getrocknete Rainfarnblätter mit einem Liter Wasser, lassen diesen Sud 15 Minuten ziehen und erkalten und übergießen Sie die befallenen Pflanzenteile mit dieser Flüssigkeit.

*

Maulwürfe

Da der Maulwurf überwiegend nützlich ist, sollte man seine Hügel einfach nur glatt harken.

Manchmal können sie aber
zu einer regelrechten Plage werden.
In diesem Fall hilft ein in Terpentin
getränktes Tuch, das Sie in die
Maulwurflöcher legen müssen. Danach
alles abdichten und den Vorgang,
wenn nötig, wiederholen.

Versuchen Sie es doch einmal mit der
Kraft des Windes: Graben Sie einen
Maulwurfhügel auf und stecken Sie
eine leere Flasche so in die Öffnung,
dass der Hals nach oben ragt. Wenn
nun der Wind sein Spiel damit treibt,
entstehen Geräusche, die Maulwürfe nicht
leiden können. Oft suchen Sie sich dann
einen andern Garten als Heimstatt aus.

*

Mäuse

Wenn Sie Mäuse im Garten haben,
dann sollten Sie Zwiebeln pflanzen,
das vertreibt die Nager.

Mäuse hassen den Geruch von Holundersaft. Wenn Sie etwas davon um von Mäusen heimgesuchten Stellen schütten, dann bleiben sie fern.

Benutzen Sie am besten abgestandenen Holundersaft. Er wirkt noch stärker.

Wirksam gegen Mäuse im Garten hilft auch das Pflanzen einer prächtigen Kaiserkrone. Mäuse nehmen nämlich vor dem Geruch der Pflanzenzwiebel Reißaus.

*

Schnecken

Legen Sie Rhabarberblätter oder nasse Bretter auf den Rasen oder Boden, am nächsten Tag können Sie die Schnecken, die sich darunter angesiedelt haben, einfach aufsammeln.

Bei einer Schneckenplage kann man sein Gemüse schützen, indem man um seinen

Garten einen zehn
Zentimeter breiten Ätzkalkstreifen
anlegt.

Altbewährt als Abwehrmaßnahme
sind auch kleingehackte Eierschalen,
die um die Pflanzen herum ausgestreut
werden, sobald sie von Schnecken
heimgesucht werden.

Pflanzen Sie Knoblauch zwischen
Ihre Gemüsebeete. Schnecken meiden
diese Beete wegen des für sie
unangenehmen Knoblauchgeruchs.

Weniger gut hilft die Bierfalle
für Schnecken. Zwar fangen Sie darin
viele dieser Schädlinge, doch Sie locken
durch den Geruch auch die Schnecken
aus der Nachbarschaft in Ihren Garten.
Also ist es besser, eine andere
Schneckenfalle auszuprobieren.

*

Wühlmäuse

Mit Calciumcarbid vertreiben
Sie Wühlmäuse und andere unterirdisch
lebende Gartenbewohner.

In die Gänge gelegt, löst sich das
Calciumcarbid in Gas auf und durch
diese chemische Reaktion finden
die Schädlinge den Tod.

Wühlmäuse hassen strenge Gerüche.
Manchmal hilft es deshalb schon,
Knoblauchzehen im ganzen Garten
zu verteilen, um diese furchtbaren
Quälgeister zu vertreiben.

Für Katz und Maus

Die besten Tipps für Haus- und Nutztiere

Hygiene ist wichtig

Waschen Sie sich nach jedem Tierkontakt die Hände und vermeiden Sie, dass Ihr Hund Sie bis über beide Ohren ableckt.

Sie sollten schon der Hygiene wegen dem Haustier einen eigenen Napf anschaffen und sein Futter nicht auf Tellern anrichten, die auch Sie noch benutzen. Am besten eignen sich Näpfe aus Stahl, denn die lassen sich sehr gut säubern. Im Handel werden Näpfe angeboten, die mit einem Gummiring versehen sind. Das verhindert das lästige Verrutschen des Napfes.

*

Baden

Bei Hunden ist Baden bisweilen nötig. Benutzen Sie aber nur ein Hundeshampoo, das dem Fell kein Fett entzieht. Denn nur durch das Fett behält das Hundefell seine wasserabweisende Wirkung.

Mehr als zweimal im Jahr sollten Sie ihn aber keinesfalls baden. Höchstens mit Wasser abduschen.

Katzen mögen weder Wasser noch Baden, bedürfen aber auch keiner Reinigung durch Dritte. Denn sie sind sehr saubere Tiere, die sich den ganzen Tag mit der Fellpflege beschäftigen.

Sollte Ihr Haustiger sich nicht putzen, ist es höchste Zeit, zum Tierarzt zu gehen.

*

Fische

Füttern Sie Ihre Jungfische doch einmal mit getrocknetem Quark, den Sie vorher ordentlich zerkleinert haben. Er wird bei den Fischen ganz bestimmt begeisterten Absatz finden.

Wenn Sie ein Aquarium besitzen, achten Sie darauf, dass es nicht im grellen Sonnenlicht steht. Sonst laufen Sie Gefahr, dass sich das Wasser stark erhitzt und der Sauerstoffgehalt des Wassers wegen der Hitze zu gering wird.

Nutzen Sie als Grundlage für Ihr Aquarium Gesteinsarten wie Granit oder Schiefer. Diese Steine sehen als »Bepflanzung« nicht nur schön aus, sondern verhindern auch, dass der Gehalt von Kalk im Wasser über Gebühr ansteigt.

*

Hühner

Sie erzielen eine verstärkte Legetätigkeit bei Hühnern, wenn sie ihnen frische, süße Magermilch ins Trinkwasser geben.

Mischen Sie unter das Futter kleingeklopfte Holzkohle, sollten Ihre Hühner und Küken unter Durchfall leiden. Dieses Naturmittel hat stopfende Wirkung.

Knochen für Hunde

Geflügelknochen sind sehr brüchig. Sie können im Hals Ihres Hundes stecken bleiben und das wiederum kann zum Ersticken des Tieres führen. Alte Hunde haben oft Probleme mit der Verdauung. Sie sollten aus diesem Grund auf die Zufütterung von Knochen verzichten.

*

Karotten gegen Würmer

Haben Sie es schon einmal probiert? Manche Hunde fressen von Zeit zu Zeit auch ganz gerne Karotten. Doch das ist nicht der einzige Grund, weshalb Sie ab und zu diese vegetarische Kost zufüttern sollten. Sie vermindern vielmehr durch die Gabe von Möhren die Gefahr eines Wurmbefalls Ihres Vierbeiners.

*

Notwendige Vitamine

Die Stiele von Petersilie fein zerhackt und ins Hundefutter gegeben, machen eine weitere Vitaminzufuhr für Ihren Vierbeiner unnötig.

*

Medikamente verabreichen

Ihr Hund hat zwar eine feine Nase, aber mit der folgenden Methode frisst er Ihnen auch Medikamente aus der Hand: Geben Sie einfach etwas Leberwurst auf die Tablette. Ihr Hund wird von der Medizin bestimmt nichts merken.

*

Hundepfoten sind salzempfindlich!

Der Winter ist eine harte Zeit für Ihren Vierbeiner, denn noch immer streuen zu viele Menschen Vereisungen mit Salz ab. Dieses Salz aber kann sehr schmerzhaft für den Hund sein.

Schützen Sie seine Pfoten, indem Sie die Ballen und Zwischenräume mit Vaseline einreiben. Sie ist wasserundurchlässig und das Salz kann dem Hund so nichts mehr anhaben.

Nehmen Sie zum Einreiben der Pfoten keine normalen Körpercremes, denn die lassen das Wasser durch.

Nach einem Spaziergang die Pfoten gut abwaschen.

*

Konsequente Erziehung

Bei Hund und Katz ist eine konsequente Erziehung vonnöten. Wenn Ihr Hund noch klein ist, finden Sie es vielleicht niedlich, wie er am Esstisch um jeden Happen bettelt, aber spätestens, wenn seine Rute die Tischkante erreicht hat, wird es Ihnen ganz gewiss zu bunt werden.

Am besten fangen Sie gar nicht erst an, Ihrem Hund etwas vom Tisch zu geben, er wird sich das für immer merken.

Alles, was Sie Ihrem Hund als Welpen durchgehen lassen, werden Sie ihm später nicht wieder verbieten können. Er wird es nicht verstehen, warum einmal ein und dieselbe Sache erlaubt ist und ein andermal wieder nicht. Also seien Sie am besten konsequent, von Anfang an ...

*

Gut Freund

Hund und Katze müssen keine Feinde sein. Sie lassen sich auch gut zusammen halten. Wichtig für ein harmonisches Zusammenleben ist, dass eins der Tiere noch ein Baby ist, wenn es in die Familie aufgenommen wird. Das sollte am besten die Katze sein. Das Jungtier kann dann die eigentlich fremde »Sprache« des anderen lernen und sie werden prima miteinander auskommen.

*

Kaninchen

Wenn Sie Kaninchen haben, sollten Sie deren Stall einmal mit getrocknetem Moos ausstreuen. Sie werden sehen: Ihr Langohr wird sich ausgesprochen wohl fühlen.

Geben Sie Ihrem Kaninchen öfters Reisig oder hartes Brot zum Knabbern, damit seine Nagezähne nicht zu lang werden. Durch das Nagen harter Futtermittel wetzen sich die Zähne auf natürlichem Weg ab.

Wenn ihr Kaninchen keinen Hunger mehr hat, sollten Sie etwas Schafgarbe, Thymian oder Beifuß mitfüttern. Dadurch gewinnt es seinen gewohnten Appetit zurück. Sollte das allerdings nicht der Fall sein, wenden Sie sich am besten an einen Tierarzt.

Katzen müssen kratzen

Wenn Sie Ihren Stubentiger ausschließlich in der Wohnung halten, dann braucht er einen Kratzbaum, um seine Krallen zu wetzen. Stellen Sie ihm diesen nicht zur Verfügung, wird er sich notgedrungen an Ihrer Tapete vergreifen.

Katzen, die auch draußen gehalten werden, haben im Garten längst ihren Baum auserwählt, an dem sie ihre Krallen kürzen und damit jedem Eindringling zeigen: Vorsicht, hier wohne ich.

*

Rohes Ei lässt das Fell glänzen

Damit das Fell Ihrer Katze glänzt, sollten Sie ihr einmal pro Woche ein rohes Ei unter das Futter mischen. Die Katze wird sich noch lange danach ihr Mäulchen lecken.

*

Langhaarige Katzen

Langhaarige Katzen benötigen eine ausgiebige Fellpflege. Damit das Fell nicht so schnell verfilzt, sollten Sie etwas Talkumpuder in ihr Fell kämmen.

*

Katzenklappe

Katzen lieben es, hinaus und hinein zu gehen, so oft sie wollen. Damit Sie nicht jedesmal aufspringen müssen, um der Samtpfote die Tür zu öffnen, sollten Sie eine Katzenklappe installieren, durch die die Katze allein hinein- und hinausgehen kann.

*

Die Maus – ein Geschenk Ihrer Katze

Wenn Sie morgens vor der Tür eine tote Maus finden, sollten Sie Ihren Schmusetiger nicht dafür strafen, dass er Sie so erschreckt. Die Maus ist ein Geschenk von Ihrer Katze, das Sie gebührend entgegennehmen sollten, auch wenn die Maus dann im Mülleimer oder hinter der Hecke im Garten verschwindet ...

*

Meerschweinchen

Neben dem handelsüblichen Trockenfutter freut sich Ihr Nager über Gras und Heu und viel Gemüse und Obst.

*

Fliegenschutz für Pferde

Ihr Pferd können Sie durch Abreiben mit kaltem Walnussblättertee vor Fliegen schützen.

Mischen Sie ihm ein wenig geriebenen Knoblauch unter das Futter. Mit dem Schweiß verströmt der Knoblauch seinen Duft und die Fliegen bleiben fern.

*

Wenn Vögel Federn lassen

Es gibt verschiedene Ursachen dafür, dass ein Vogel Federn verliert. Meistens liegt es an einer falschen Fütterung. Informieren Sie sich spätestens jetzt, was für Ihren gefiederten Hausgenossen das richtige Futter ist.

Manchmal werden aber auch Vögel von lästigen Schmarotzern befallen. Gehen Sie in diesem Fall zum Tierarzt.

*

Leckereien für Ihren Kanarienvogel

Vögel brauchen öfters einmal eine Abwechslung in ihrem Speiseplan. Reichen Sie ihnen Birnen- oder Apfelstücke. Diese Köstlichkeiten weiß Ihr kleiner Liebling bestimmt zu schätzen, zumal sie ihn auch noch mit vielen Vitaminen versorgen.

Auch hart gekochte Eier werden von Kanarienvögeln gerne genommen.

Papageien

Ein kulinarischer Leckerbissen
für Papageien ist vor allem frisches Obst,
wie Apfelscheiben oder auch
Apfelsinenstückchen. Auch getrocknetes
Brot verschmähen sie
gewiss nicht.

Sie sollten übrigens nie frisches
Brot verfüttern, denn es
bläht den Magen.

Das kann ja heiter werden

Die besten Tipps zur Wettervorhersage

Regenbogen am Vormittag

Wenn vormittags ein Regenbogen sichtbar wird, dann steht schlechtes Wetter zu erwarten.

*

Regenbogen am Nachmittag

Regenbögen am Nachmittag künden gutes Wetter an.

*

Bei Staubregen wird´s trocken!

Trockenes und schönes Wetter folgt auf Staubregen.

*

Nebel

Stellt sich der Nebel erst nach Sonnenaufgang ein, dann ist mit gutem Wetter für zwei und mehr Tage zu rechnen.

*

Regen am Mittag

Wenn es mittags zu regnen beginnt, so können Sie fast sicher sein, dass der Regen nicht lange dauert.

*

Langer Sommerregen

Freuen Sie sich, wenn es im Sommer bis zum Eintritt der Dunkelheit ohne Unterlass regnet, denn dann können Sie wenigstens am nächsten Morgen mit schönem Wetter rechnen.

*

Taufrischer Morgen

Bei besonders starkem Tau am frühen Morgen ist für diesen Tag gutes Wetter zu erwarten.

*

Kein Tau im Sommer

Wenn sich im Sommer morgens
kein Tau im Gras befindet,
sollten Sie mit Regen rechnen.

*

Schneenacht

Ausgiebige Schneefälle in
Winternächten machen den
Rückgang des Frostes
wahrscheinlich.
Oft ist sogar Tauwetter
in Aussicht.

*

Ferne Geräusche ganz nah

Kommt es Ihnen vor, als hörten
Sie ferne Geräusche auffallend laut
und deutlich? Dann sollten Sie sich
auf schlechtes Wetter
einstellen.

*

Weite Sicht am Morgen

Regen steht zu erwarten,
wenn die Fernsicht am frühen Morgen
außergewöhnlich gut ist.

*

Schwitzende Steinmauern im Winter

Sollten Steinmauern im Winter
beginnen zu schwitzen, haben Sie
wärmeres Wetter in Aussicht.

*

Feuchtes Salz

Regenwetter steht ins Haus,
wenn Salz feucht und klumpig wird.

*

Schwitzender Speck

Wenn Speck oder auch
Wurst beginnen zu schwitzen,
ist ebenfalls Regenwetter in Aussicht.

*

Tautropfen an Erdbeeren und Fuchsien

Von kommendem Regen künden
Tautropfen an den Blatträndern
von Erdbeeren und Fuchsien.

*

Die regenscheue Akazienblüte

Beobachten Sie Ihre Akazie!
Sie schließt ihre Blüten bei
bevorstehendem Regen.

Register

A

B

G

H

L